JN218204

核心の中国

習近平は いかに権力掌握を進めたか

朝日新聞中国総局

朝日新聞出版

目次

第二章　習近平の側近たち　61

図版　鳥元真生
装幀　加藤光太郎デザイン事務所

核心の中国

習近平はいかに権力掌握を進めたか

朝日新聞中国総局

プロローグ

北京はその日、うっすらと靄がかかったような、はっきりしない空が広がっていた。

二〇一七年一〇月二五日。北京の人民大会堂の東大庁。人口約一四億人の中国のトップに立つ習近平は、珍しく穏やかな表情を浮かべて、壇上に姿を現した。

前日に閉幕した中国共産党の第一九回党大会を経て、総書記に再任された習は、集まった数百人の内外記者たちに軽く右手を振った。そして、報道陣のカメラのシャッター音が激しく鳴り響くなか、これから五年間、党の最高指導部を務めることになる六人のメンバーを、習は党の序列順に紹介した。

「新しい党中央指導部メンバーを代表して、全党の同志の信任に心から感謝する」

習はそう述べながらも、当然であるかのように、次期最高指導部がどのように選ばれたかについて何の説明もしなかった。それまで水面下で続いてきた党内の矛盾と対立はすべて覆い隠しての「お披露目式」だった。

◇

中国政治は不思議な世界だ。

中国共産党の指導部の人事はまったくと言っていいほど、そのプロセスに透明性がない。我々中国にいる外国人記者にとっては、共産党幹部たちが何を協議しているのか、何も見えない。取材現場もない。情報公開がほとんどないまま、すべてが終わった後、ほんの一部の「円満成功」の結果だけが公表され、それを報道しなければならない。

世界第二の経済大国であり、国連安全保障理事会の常任理事国として今や国際社会に米国と並ぶほどの大きな影響力を持つ中国なのに、いったい私たち記者は何をやっているのか。そう自省することは少なくない。

もっと分かりやすく話そう。

例えば、この日、習が登壇した際の時間を、会場にいた同僚記者は自らの腕時計で、「午前一一時五七分」だったと記録している。ところが、北京市中心部にある朝日新聞中国総局の事務所のなかにいた私の手元のメモには「一一時五八分」とある。現場の記者の時間と、中国中央テレビの中継映像を見ていた私の記録には最大で「一分間」の差があった、ということだ。

中国の電波事情が悪いからではない。中国における中継が、我々の常識が考える生中継ではないからだ。

万が一、不測の事態が起きたときには中継を止め、中国の国民には決してそれを伝えない——。都合の悪い事実を公表せず隠蔽するため、中継に時間差を設ける措置である。

我々外国メディアが中国当局による情報非公開の壁を突き破ることは難しい。人民大会堂の会場は完全に電波が封鎖され、会場に入った同僚記者は、習らが壇上から姿を消すまで、携帯電話やＳＮＳを含め、一切の電波機器の発信を封じられた。

◇

私たちが朝日新聞に掲載した連載「核心の中国」（二〇一六年一二月—二〇一七年一〇月）でやろうとしたことは、突き詰めて言えば、こうした中国当局が様々な形で設定した、事実を隠蔽するための壁をなんとかくぐり抜け、水面下の中国指導部の動きを明らかにしようとする挑戦だった。

なかでも、党内で権力掌握を進める習はいったい何を考え、中国をどう変えようとしているのか。連載名にある「核心」とは、二〇一六年秋の党内会議で「党中央の核心」と位置付けられた習のことを指す。つまり、「習の中国」という意味である。

教科書には載らない歴史、みんなが見えない、気付かない真実に迫るのが、ジャーナリストの仕事だと私たちは先輩に学んだ。それは中国取材においても同じはずである。だからこそ、私たちは、この何も見えない党大会という中国政治のプロセスの可視化を試みようとした。本書は、その約一年間にわたる取材の記録である。

◇

本文に入る前に、中国取材の難しさについて、もう少しだけ説明させてもらいたい。

今、私の手元には、この一年間に私に送られた記者たちからの取材メモがある。その量はA４判の紙で厚さ約四センチほどだ。

はっきり言えるが、たいした量ではない。そう、これは取材結果のほんの一部でしかない。

私たちはこの何十倍にも上る、多くの取材結果を蓄積していたが、中国という特殊な国での取材源の立場と安全を考えて、記者の間で共有する形でのメモには残さなかった。

厳重なセキュリティー措置を取ったとしても、中国でのインターネット上でのやりとりには情報漏洩（ろうえい）の危険がつきまとう。個人のパソコンも含め、いったん情報をメモの形で文字として共有すれば、これを完全に守れる自信はなかったからだ。

重要な情報であればあるほど、当事者に近い人物の話であればあるほど、私たちは情報源を守るために、自分だけの方法でそれを記録した。電話でそれを語ることはせず、顔を合わせたとき、それを口頭で、しかも、私たちだけが分かる隠語を交えて話をした。

そして、それを少しずつ積み重ね、記事にした。

書籍化にあたっては、紙面には載せなかった情報も盛り込み、当時の取材を最大限いかした。そのため現在読むと奇異に感じる部分があるかもしれない。各章の冒頭に紙面掲載の時期を明記したので、取材時点での情報や見解、市井の空気であることを踏まえて読んでいただければ幸いである。党大会に向けて、私たちの取材が徐々に深まっていったことも、そのまま感じ取ってもらえるのではないかと思っている。

◇

では、時間をぐっと戻そう。党大会を一年後に控えた二〇一六年の秋に。

私たち朝日新聞中国総局の記者たちは、その後に何が起きるかまったく予想もできないまま、中国政治の「現場なき現場」の取材へと一斉に向かった。

朝日新聞前中国総局長　古谷浩一

第一章

張りつめる党内

二〇一六年一二月―二〇一七年一二月

主な登場人物

習近平（シーチンピン）　一九五三年生まれ。父は習仲勲元副首相。幼少時代は北京で過ごすが、文化大革命時代、当時の都市部の多くの若者と同じく農村に下放され、陝西省で十代後半を過ごす。その後、清華大学を卒業し、中央軍事委員会での高官秘書の仕事を経て、河北省や福建省といった地方で党官僚として出世を重ねた。上海市の書記や国家副主席なども歴任。二〇一二年に胡錦濤総書記の跡を継いで党トップの総書記に就任し、一三年からは国家主席も兼任する。

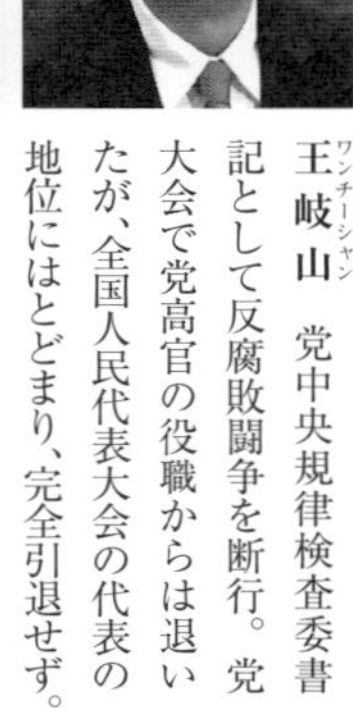

王岐山（ワンチーシャン）　党中央規律検査委書記として反腐敗闘争を断行。党大会で党高官の役職からは退いたが、全国人民代表大会の代表の地位にはとどまり、完全引退せず。

李克強（リーコーチアン）　首相として経済政策を取り仕切り、党内序列は習に次ぐ第二位の政治局常務委員。党大会でもこの地位は維持した。

周永康（チョウヨンカン）　党中央政法委書記として、胡錦濤体制で党最高指導部に名を連ねながら失脚。収賄罪などで無期懲役の判決を受け、服役中。

徐才厚（シュイツァイホウ）　中央軍事委員会副主席として、胡錦濤体制で軍制服組トップを務めながら、習体制下で汚職などで失脚。取り調べを受けているさなかに病死。

郭伯雄（クオボーシュン）　中央軍事委員会副主席として、徐才厚とともに胡錦濤体制で軍制服組トップを務めながら、失脚。収賄罪で無期懲役の判決を受け、服役中。

汪洋（ワンヤン）　第一次習体制では、副首相。党大会で政治局常務委員に昇格し、国政の助言機関である全国政治協商会議の主席に。

江沢民（チアンツォーミン）　元総書記・元国家主席。天安門事件後に総書記に抜擢され、長年、「上海閥」を率いた。

胡錦濤（フーチンタオ）　前総書記・前国家主席。四〇代の若さで党最高指導部入りし、「共青団派」の隆盛を築いた。

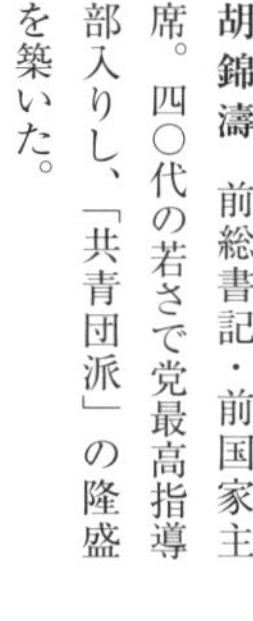

黄興国（ホワンシンクオ）　浙江省寧波市書記などを経て直轄市・天津の市長に昇格。その後同市党委員会の代理書記に。習に近いとうわささ れたが、収賄罪で検挙された。

李鴻忠（リーホンチョン）　江沢民に近いと言われながら、いち早く習への忠誠を表明。失脚した黄興国に代わり天津市のトップに。党大会で政治局員に昇格。

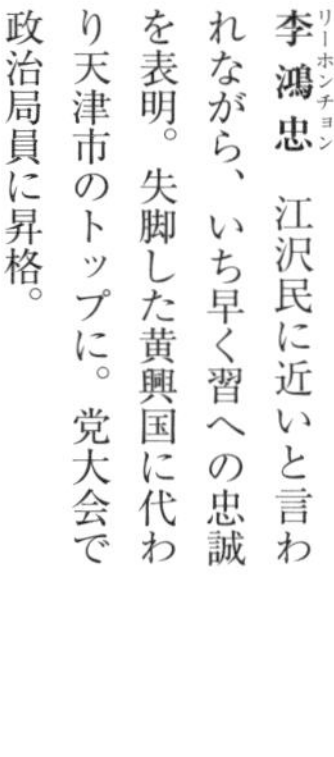

陳希（チェンシー）　習の大学時代の同窓。第一次習体制では、党中央組織部の副部長として、習の意向を踏まえた人事を取り仕切った。党大会で同部長、政治局員に。

楼継偉（ロウチーウェイ）　財務相として、経済改革を推し進め、アジアインフラ投資銀行（ＡＩＩＢ）設立などにも貢献したが、任期中に異例の退任。

李希（リーシー）　甘粛省時代の上司が習一家と昵懇。これがきっかけで、習の信頼を得たとされる。遼寧省書記を経て、党大会で政治局員に昇格。その後、広東省書記に。

二〇一六年一二月
習近平が中国のトップになってから、特に力を入れてきたのが、党高官の腐敗取り締まりの政策だ。まずその実態に迫ろうと試みた。

反腐敗

習近平の鋭い刀

かつて毛沢東が専用列車で訪れたこともある河南省鄭州の「黄河迎賓館」。高い塀に囲まれ、美しい庭園が広がる政府系施設に、一〇〇人近い寡黙な男たちが車列を組んで北京からやってきたのは、猛暑が始まった二〇一六年六月のことだった。

男たちのうち幹部クラスは約二カ月間、「一号楼」と呼ばれる建物に陣取った。広大な敷地の最も奥まったところにひっそりと建つ、樹木に囲まれた二階建ての洋館だ。

そのときの様子を知る関係者は、あの秘密めいた光景をよく覚えている。

大理石の壁に洋画が飾られた二号楼で、男たちは一日中資料を読み、しょっちゅう会議を開いていた。男たちの携帯電話はひっきりなしに鳴っていた。彼らはときおり、外出するが、資料を安易に持ち歩かない。「書類の管理には特に気を使っていた」と関係者は振り返る。

男たちの滞在中、黄河迎賓館への一般市民の立ち入りは禁じられ、敷地内には約五〇メートルおきに警官が立っていた。二号楼には迎賓館の職員でさえ近づけず、選ばれた専従職員だけが出入りした。外部との接触を避けるためだろうか、男たちは食事もこの洋館一階にあるビュッフェ形式の食堂で済ますのが常だった。若い迎賓館職員は「彼らの行動は我々従業員にさえ、一切秘密にされた。だから、私は彼らが何をしていたのかまったく知らないのです」と語った。

九月に入ると男たちは去って行った。その二カ月後、鄭州の人たちは、彼らの仕事の結果を知る

河南省鄭州の位置

ことになる。

重大な規律違反の疑いで（河南省最高指導部の）呉天君を取り調べている――。一一月一一日、中国共産党中央規律検査委員会がそう発表すると、地元の政府内部に衝撃が走った。

黄河迎賓館（上・外観）。その2号楼に中央巡視組が陣取っていた（下・内部の様子。写真、朝日新聞社。以下断りのないもの、同じ）

二号楼に詰めていた男たちは、四年前に総書記に就任した習近平が腐敗高官を取り締まるために党中央から直々に派遣し、強力な権限を与えた「中央巡視組」と呼ばれる特捜チームだった。

中央巡視組は、習が大々的に展開してきた反腐敗キャンペーンの最前線の内偵捜査を担う。地方政府のトップ級の指導者でさえ次々と摘発し、「習近平の鋭い刀」と呼ばれて恐れられてきた。

党中央の高官を「組長」とする巡視組の権限は絶大だ。取材に応じた同検査委の元幹部は、地方幹部から次のような調子で脅迫めいた忠告を受けることもあると明かした。

「この案件は中央（北京）の高級幹部に波及する。余計なことはしないほうが身のためだ」

しかし、巡視組は動じない。彼らには汚職高官の摘発を大方針とする習の威光があるからだ。

そして、鄭州市民は失脚した呉の後任の経歴を見て、再び驚くことになる。任命されたのは、習の福建省時代の部下として知られる人物だったからだ。

「常に震え上がらせる」

北京市中心部のオフィス街。厳しい警備のもと、深夜まで明かりが消えない白い建物がある。看板は一切ない。ただ、一部の党関係者はこの建物を「ナンバーシックス」と呼んでいる。

党中央規律検査委員会の本部。同委員会トップの書記、王岐山の党内序列は第六位である。

反腐敗キャンペーンは、習が総書記就任直後から強く打ち出したものだ。胡錦濤体制で党内序列第九位だった周永康や、軍制服組トップだった徐才厚、郭伯雄といった要人を「大トラ」と呼んで摘発してきた。この三人は、元国家主席の江沢民に近い人物でもあった。

ある党関係者は、習体制が発足した二〇一二年一一月の第一八回党大会の直後、習の呼びかけで、党の最高指導部、政治局常務委員七人が集まって、食事をしたことがあったと明かす。

この席で、習は「反腐敗をやる」と宣言し、最高指導部の結束を求めた。

高揚した様子の習が持ってこさせたのは、七本の高級白酒「マオタイ」。それがテーブルに載せられた。習は「今日は飲もう」と静かに言って、ほかの常務委員メンバーに次々と杯を勧めたという。

「あれ以来、常務委員七人だけで食事をしたことは、私が知る限り一度もない」。党関係者はそう語る。習にとっては、それだけ重い決意の表明だったと受け止められた。

習の強い決意のもと、実際に汚職幹部の摘発を指揮してきたのは、王岐山だ。文革時代に同じ陝西省で青年時代を過ごした習の「盟友」と言われ、「中国の陰のナンバー2」（北京の外交筋）とも評される存在感を持つようになっている。

「一度やって終わりではない。再び振り向きざまに撃ち、常に震え上がらせなければならない」

二〇一四年一〇月、中央巡視組の活動報告を聞く会議で習はこう語り、徹底した反腐敗闘争への覚悟を示した。腐敗を放置すれば人民の支持を失い、党が立ちゆかなくなるという危機感があるのは確かだ。一方で、反腐敗闘争は、江沢民、胡錦濤に連なる政治勢力への強い牽制にもなる。

全国の高官の汚職行為を捜査する中央巡視組が創設されたのは、胡錦濤前指導部時代の二〇〇三年だった。だが、習体制になって大幅に態勢が強化され、「習近平の鋭い刀」と恐れられるようになった。党中央が巡視組を編成、派遣するため、地方の権力闘争とは無縁である。内部資料の閲覧などの特権も与える一方で、捜査員は単独での外出は許されず、地元政府関係者との会食も厳禁とされる。

二〇一六年一二月現在、中央巡視組が捜査に入ったのは計二三四機関。習指導部発足後、党中枢の中央委員の二四人をはじめ、中央官庁、地方政府の高官二〇〇人以上が汚職などで失脚した。過半数が中央巡視組の捜査によると見られている。

さらに、習指導部は二〇一六年から、以前調査した場所に再び中央巡視組を送り込む、「回頭看（振り向いて調べる）」キャンペーンを始めた。すでに河南省など一二の地方政府に再びメスが入り、高官の摘発が相次いでいる。

河南省で治安対策を統括する省党委政法委員会トップの書記だった呉天君が二〇一六年一一月、重大な規律違反の疑いで失脚したのもこの一環だった。

呉は、省都、鄭州市トップを務めた二〇一一―一六年にかけて、「国際的な商都を構築する」などとして大規模な再開発事業を猛烈な勢いで進め、「やり手の指導者」として名を馳せた。その陰で、広範囲で容赦ない立ち退きを進め、満足な補償を受けられずに強制退去させられた多くの住民の怨嗟（えんさ）の的でもあった。呉が一度指さした建物はあっという間になくなるという意味の「一指没」という言葉が住民の間で広まり、恐れられていた。

こうした高官の摘発は市民の支持を得ており、習体制への求心力を強めている。しかし同時にこれは、政治闘争とも無縁ではない。

中国で三番目に多い約九五〇〇万人の人口を持つ河南省は国土の中心とも言える場所にあり、地政学的にも重要な土地だ。首相の李克強が一九九八―二〇〇四年に同省トップなどを務め、その影響力が残るとされる土地柄であり、逆に習の人脈は細いとされてきた。

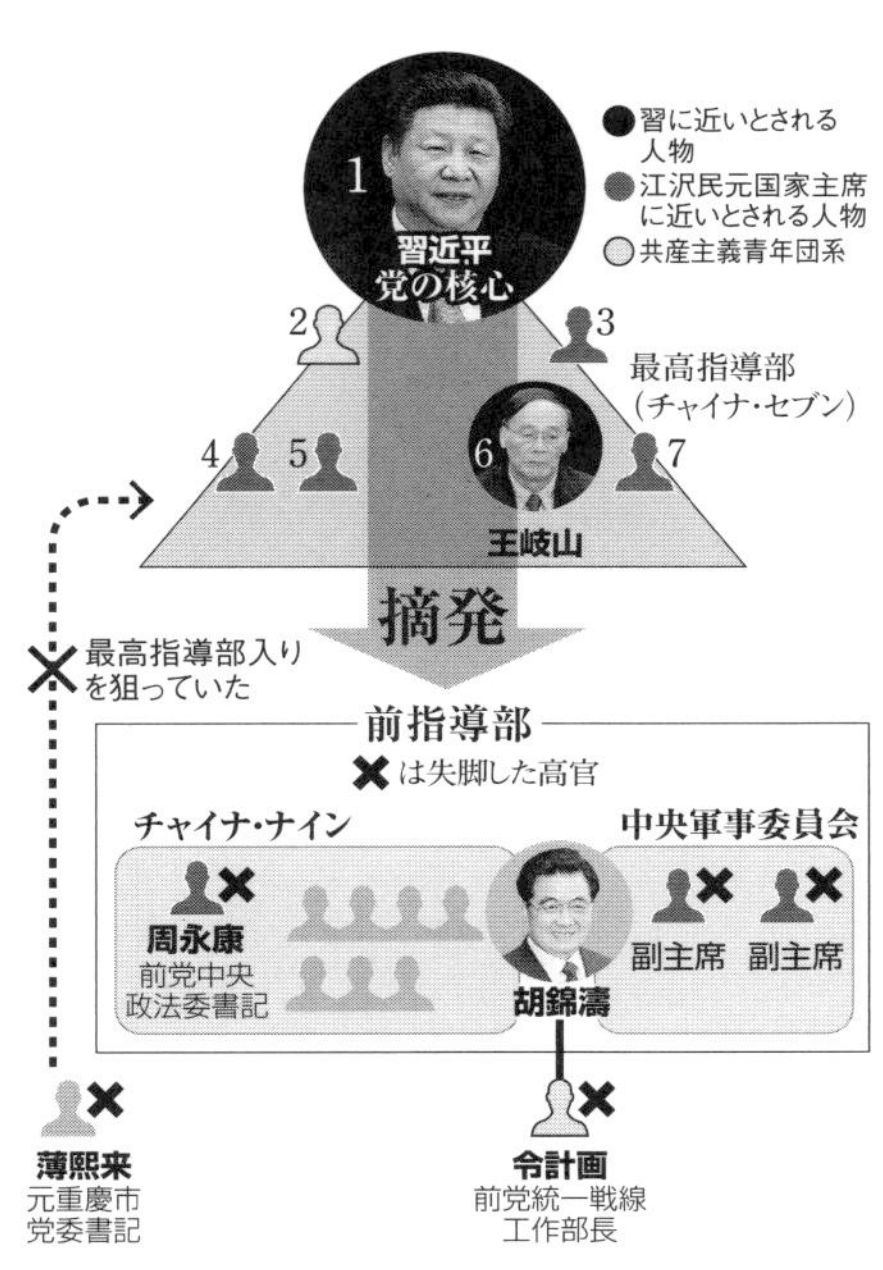

習近平が進める反腐敗キャンペーンで失脚した前指導部や高官

地元関係者によれば、呉の盟友とされ、鄭州市トップから中央の国家発展改革委員会幹部に抜擢された人物は、李と関係が深いとされる。また呉は、江沢民に近く、党政治局常務委員を務めた李長春との結びつきも強いと見られてきた。

そして失脚した呉の後任に就いたのは、習の「福建人脈」に連なる許甘露だった。習が一九八五―八八年に福建省アモイの副市長だったとき、地元警察幹部だった人物だ。習が福建省共産党委員会の常務委員だった一九九四年、許は中央の公安省出入国管理局副局長に抜擢された。その後、公安省で昇進を重ね、二〇一五年六月に河南省に赴任。その直後の同省の重要会議で「政治的立場を堅持し、党に絶対忠誠でなければならない」と強調していた。

さらに興味深いのは、鄭州に乗り込んだ中央巡視組の責任者は、習が二〇〇二―〇七年に浙江省書記などを務めていたときの省幹部だった。習の部下だった人物が、江沢民や李克強らと関係の深い幹部の腐敗を捜査し、後任に習に近い人物が送り込まれる――。

同省の政治動向に詳しい中国メディア元幹部は「中央巡視組がどこに派遣されるか、それは中央の権力闘争の必要から決定される。地元で強権を振るった呉の失脚は、党中央の明確なシグナルだ。河南で本格的な権力闘争が起きている」と語った。

「六八歳定年」巡る駆け引き

中国共産党の第一九回党大会は二〇一七年秋に開かれる。

習の総書記再任は確実視されており、最大の焦点は、現在七人いる政治局常務委員（最高指導部）の顔ぶれがどう変わるかだ。安定した政治基盤を固めて二期目に臨みたい習が思い切った人事を断行するという見方も出ている。

注目されるのは、六八歳に達していれば、最高指導部入りせずに引退するという党内の暗黙のルール「六八歳定年制」の存在だ。

定年制自体は一九九七年の第一五回党大会で、当時の総書記、江沢民が最大のライバルと言われた喬石を引退に追い込むため、高齢を理由にしたことが発端と言われる。二〇〇二年の第一六回党大会で、常務委員だった李瑞環に引退を促すため、その年齢の六八歳が根拠と位置付けられた。いわば政治闘争の産物であり、胡錦濤前体制では守られたものの、党規約などに明記された決まりとは意味合いが違うと受け止められている。

習が「党の核心」と位置付けられた後の二〇一六年一〇月末、党高官は記者会見で、定年制について質問され、「民間で言われているだけで、信じるに値しない。年齢だけで決めることはない」と答えた。党高官が党の意思と関係なく、自分の意見を言うことは考えにくい。香港紙記者は「六八歳定年制は採用しないというメッセージだ」と見た。この発言を受け、海外メディアの間には、習が六八歳定年制を破ろうとしているとの見方が一気に広がった。

定年制に従えば、今の指導部で残留できるのは、習と首相の李克強の二人だけ。その存廃が注目されるのは、習の片腕として「反腐敗」を指揮してきた王岐山の去就に関わるからだ。王は党大会時に六九歳になる。

五年に一度の党大会は開催月が固定されておらず、その年のいつの時点での年齢で計算するのかなど不明な点は多い。あえてルールをあいまいにし、王を留任させるとの見方も出ている。

さらに定年制は、習の将来にも関わる。二〇二二年の第二〇回の党大会時には、二期目を終える習は六九歳。二〇一七年の党大会で王岐山がこのルールを打破して留任すれば、それを「前例」として、習の三期目に道を開く可能性がある。

一九九七年の第一五回党大会の際、七一歳だった江沢民は高齢を理由にいったんは辞意を示しながら、総書記は特例だとして周囲に慰留される形で再任を果たしたと言われる。党人事において、年齢は政治的な駆け引きの道具である。

国家主席は憲法の規定で二期までとされるが、総書記や軍事委員会主席に規定はない。北京の外交筋は「党の核心になった習が、その翌年に後継者を選ぶとは思えない」と話す。前任の胡錦濤と同様、習が最高指導者を二期で退くなら、二〇一七年の党大会で後継者候補となる次世代の指導者を最高指導部に入れる可能性が高い。しかし、「核心」という高い地位を築いた習は、何らかのやり方で三期目以降も続投を目指すのではないかとの見方が絶えない。

次期常務委員の有力候補とされるのは、副首相の汪洋、習の官房長官役である中央弁公庁主任の栗戦書、重慶市書記の孫政才、広東省書記の胡春華ら。このうち、孫、胡の二人は習たちの次の世代である「第六世代」と呼ばれる指導者だが、「仮に最高指導部に入っても、後継者とは断定できない」（中国紙記者）との観測が出始めている。

胡錦濤体制の最高指導部は九人だったが、権力が分散しすぎたとの反省から、習指導部では七人に減っていた。さらに権力を集中させるため、五人に減らすのではとの説もある。

切り捨てられた「側近」

二〇一六年九月九日午前、習は、にこやかな表情で子どもたちと会話を交わしていた。

「教育が今の人類を、そして、未来の人類を決めることになるのだ」

自らが小中学生時代を過ごした母校、北京の八一学校を訪れ、ご機嫌のようだった。白いワイシャツ姿で校内のサッカー場に足を運び、自らの小学校時代の通信簿も見たという。それから人民大会堂に移動し、ロシア要人と会見した後、習の動静を示す公式発表は途絶えた。

次に習が公の場に姿を現したのは同月一三日。国防省が入る「八一大楼」で行われた軍の関連行事に、厳かな表情で、礼服の中山服を着て登場した。

習の動静がしばらく伝えられないことは決して珍しいことではない。ただ、この間に、北京から南東に百数十キロ離れた天津では異変が起きていた。

九月九日午後、天津市共産党委員会の代理書記で市長を兼ねる黄興国が、地元指導者として「先生の日」（教師節）を祝う行事で学校を訪問したり、台湾要人の訪問を出迎えたりした後、姿を消したのだ。

黄は五日と六日には、政治局常務委員の一人である全国政治協商会議主席の兪正声の天津視察にも同行していた。

「突然のことで、本当にびっくりした」。ある天津市当局者はそう振り返る。

汚職高官摘発を進める党中央規律検査委員会のサイトに「黄を重大な規律違反の疑いで

調査している」との短い発表文がアップされたのは、九月一〇日の夜一〇時すぎだった。

黄は習の浙江省時代の部下で、「側近の一人」とも言われた人物。側近を大事にしてきた習がどのような気持ちで黄を検挙させたのか。反腐敗の名の下、黄を切り捨てた習の判断は、北京の外交筋の間に衝撃をもたらした。

二〇〇三年、黄は浙江省寧波市の書記から天津の副市長に転出。二〇一四年に代理書記へと順調に出世の階段を上ってきた。約二〇〇人いる党中央委員の一人であり、党指導部にあたる政治局員ポストである天津市の書記に昇進するのは確実と見られていた。

雲行きが怪しくなったのは、二〇一五年八月、天津港で起きた、一六〇人超の死者を出す大規模な爆発事故からだ。党の要人たちが非公式に集まる重要会議、北戴河会議のさなかという「政治的に敏感な時期」（地元当局関係者）に起きた大惨事だけに、この関係者は「あれで黄は終わった」と語る。

そんな自らの苦境を自覚していたのだろうか。黄は習への忠誠を露骨に訴え、二〇一六年一月に党内で先陣を切って習を「党の核心」と呼んだが、書記への昇進はなかった。「代理」の肩書が二年近く続いた末の失脚。直接の摘発容疑は、寧波時代から親しかった業者との癒着によるものとされる。

削り取られた名前

寧波市中心部を流れる川、甬江（ヨンチアン）沿いに、西洋風のバーや美術館が立ち並ぶ観光地「老外灘」がある。その一角に立つ四階建ての「寧波城市展覧館」はガラスを多用したモダンな建物として知られていた。

当時の資料によると、建設には九千万元（約一五億三千万円）が投じられ、建築面積は七四〇〇平方メートル。「寧波市の歴史や一九九八年以来の発展の輝かしい成果を紹介する重要な窓口」として造られた。

三階には「成果展示ホール」があり、四階には模型や映像を駆使して、寧波の未来予想図を示した。バーチャルリアリティー技術を使って、実際に未来の寧波の街に行ったような体験もできる仕掛けもあったという。

その入り口にかかげられていた「寧波城市展覧館」という文字を揮毫したのが、一九九八年から二〇〇三年まで寧波市書記を務めた黄だった。

黄が摘発された翌日の二〇一六年九月一一日。この場所でも、黄の失脚を鮮明に示す動きが起きていた。

黄興国が揮毫した寧波城市展覧館の看板文字（左）。黄の失脚を受けて削り取られた

当時のことを知る地元関係者は語る。

「明らかに地元政府関係者と見られる四〇—五〇代の男たちが二、三人展覧館の前にやってきて、硬い表情で写真を撮り、メモを取っていた」

翌一二日。いきなり作業が始まった。作業員が入り口横に脚立を立てかけ、展覧館という文字の脇にあった「黄興国」の名前をまず削り取った。一三日には、展覧館という文字も削られた。

再び男たちがやってきて文字が削り取られた壁を写真に撮り、その場で報告の電話をしていたという。

展覧館は半年以上前に閉館していたが、それでもわざわざ名前を削りに来たのは、黄の失脚を受けた動きにほかならなかった。

二〇一六年一一月上旬に展覧館を訪れると、入り口は固く施錠され、閉鎖されていた。警備員は「なかにはもう何もない」とつれなく言った。入り口の壁には、うっすらと消された文字の跡が残っていた。

地元で黄の評判は相半ばしていた。三〇代のタクシー運転手は「黄興国書記の評判はとってもいいよ。港の開発や劇場の建設に力を入れていた。寧波の発展に大きく貢献した人だ。失脚したと聞いて残念だったねえ」と同情的だった。

一方で、別の市民は「自分の存在をアピールするタイプだった。建設会社や開発会社の社長らと派手に付き合い、隠そうともしない。我々のような普通の市民でさえ、彼の息がかかっているのがどの企業か知っていたぐらいだからね。天津に異動してからも、彼らを連れて行ってもうけさせていたんだ。付き合いがあっても、目立たないようにするのが普通なんだけどね」と突き放した。

地元では、黄興国の名字を変えて、「黒興国」と呼ぶ人もいた。自分の仲間にだけもうけさせる、腹黒いやつという意味が込められていた。

黄が寧波を率いた時期は、地元経済が大きく動いた時期でもあった。国有企業などの改革が進められ、二〇〇一年には中国が世界貿易機関（ＷＴＯ）に加盟。港の整備を進めた寧波は、海外との貿易量を大きく伸ばし、黄の在職期間中、寧波の経済成長率は常に年一〇パーセントを超す飛躍的な発展を見せた。

地元紙の記者は言った。

「黄は効率の悪い国有企業を改革し、民間に売り渡した。ＷＴＯ加盟で規制もなくなり、民間企業は大きく成長できた。社長たちは、恩人に「親切」にしたくなるのが人情だろう」

経済を大きく伸ばした黄は、文化や教育にも力を入れたようだ。大学をいくつも誘致し、大きな劇場も建設した。だが、その裏で黒いうわさも絶えなかった。新たな施設の工事は、黄の出身地である同省象山県の建設会社が多く手がけていると言われていた。

地元紙記者に真相を尋ねてみた。「本当のところは我々にも分からない。ただ、当時は今ほど腐敗問題に厳しくなかった。権力を持つ時間が長くなれば、人間は感覚がマヒしてくる。腐敗に抵抗するのにも疲れてくるのではないか」

中国では、経済成長が地方指導者の成績を図るバロメーターだった時代が長く続いた。時代の波に乗り、大きな成績を上げた黄は自らの力を過信するあまり、一線を越えて腐敗の闇に落ちたのか。それとも、表からは見えない党内の激しい権力闘争のいけにえになったのか。

黄の名前を削る作業を目撃していた五〇代の商店主はこともなげに言った。
「失脚したら名前が消されるのは当たり前のことさ。ここは中国だからね」

「残ったのは習派だけ」

黄の代わりに天津市の書記に就いたのは、前湖北省書記の李鴻忠だった。元国家主席の江沢民と近いとも言われたが、李は就任直後から突出した熱心さで習への忠誠を訴え始めた。

「習近平同志を核心とする党中央との一致を維持しなければならない」

李が演説で強調したのは二〇一六年一〇月下旬。翌年秋の党大会前の重要会議となる第一八期中央委員会第六回全体会議（六中全会）の直前だった。

六中全会は、この「核心」との表現を習に使うことを党として決めた。毛沢東、鄧小平、江沢民の三人に使われ、前総書記の胡錦濤時代にはほぼ用いられなくなった「核心」の復活は、習の権威を一層強めるものだ。李の演説はこうした六中全会の流れを先取りした形になった。

李が習に急速に近づいたのは、反腐敗摘発の動きが自らの周辺に迫ったことがきっかけだったとの見方もある。

二〇一三年夏、地方政府高官の腐敗行為を取り締まる特捜チーム「中央巡視組」の内偵捜査が湖北省に入り、副省長が収賄容疑で立件された。同省高官を集めた捜査報告会議で、巡視組幹部は「一部の高級幹部は権力をもって私利を図っていた」と厳しく批判。李は硬い表情で「厳粛に問題に対応する」と応じていた。

中国紙の記者は言う。「李が生き残っていくために、豹変するのは仕方ないことだ。党

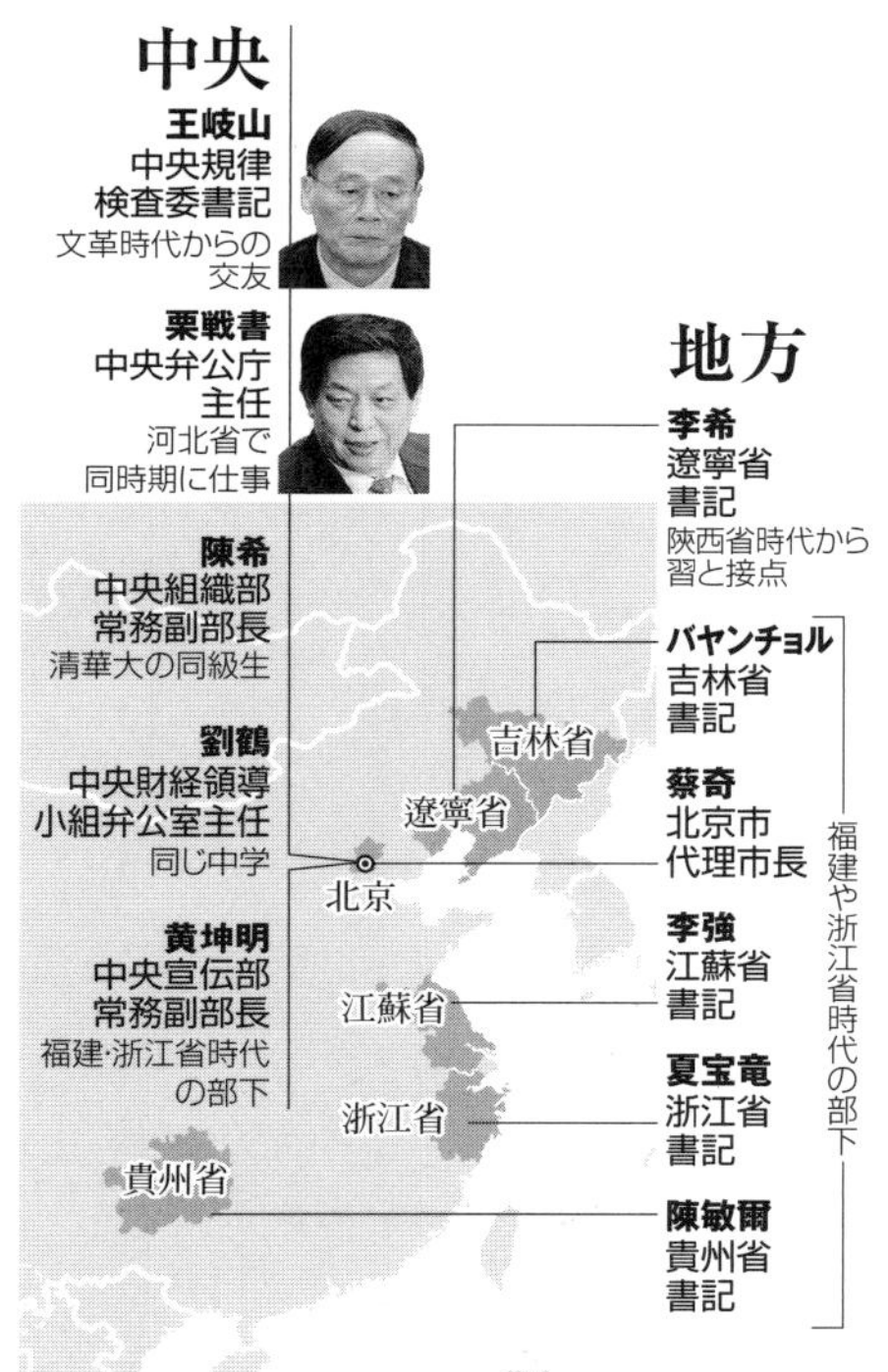

中国各地に広がる習近平の主な人脈
（肩書は2016年12月現在）

内にはもう江派なんていない。いるのは習派だけだ」

　習が総書記になった二〇一二年の第一八回党大会から四年がたち、地方の省・直轄市・自治区のトップである三一人の書記のうち、すでに約二〇人が交代した。地方幹部の人事は急速に習の色を反映したものになってきている。なかでも目立つのは、習が浙江省にいた時代の部下たちだ。

　二〇〇三年から副書記として習を支えた夏宝竜はいま同省の書記を務める。宣伝部長として、習が地元紙「浙江日報」に書いていたコラム「之江新語」を担当した陳敏爾は二〇一五年七月、指導部への「登竜門」とされる貴州省書記に就いた。

「懐刀」の秘書長として習を支えた李強は二〇一六年六月、浙江省長から江蘇省書記に就任。副省長などとして習を支えたモンゴル族のバヤンチョルも吉林省に転出後、順調にキャリアを重ね、二〇一四年八月に書記に就いた。

　なかでも注目を集めたのは、六中全会直後の二〇一六年一〇月末、国家安全委員会弁公室常務副主任の蔡奇が、将来の市長含みで首都北京の代理市長に任命された人事だ。市長職を解かれたのは、胡錦濤体制で党最高指導部の政治局常務委員を務めながら、反腐敗で粛清された周永康に近いとされた人物だった。

　北京市長には地方トップの省書記経験者を充てる慣例に反し、蔡は浙江省で副省長の経験があるだけ。異例の抜擢の背景には、習との親密さが指摘される。

蔡は習の後を追うように、福建省、浙江省、中央政府とキャリアを積み上げてきた。任命後、テレビに映し出された蔡は緊張した顔つきでこう宣誓した。

「思想も行動も、習近平同志を核心とする党中央と高度に一致させます」

党中央の要職にも、福建・浙江省で習と重なった党中央宣伝部常務副部長の黄坤明や、習とは学生時代からの知己の党中央組織部常務副部長の陳希らが抜擢されている。

党内事情に詳しい関係者は言った。「不満を持つ人は多い。でも、今はもう誰も表立って反対できない。「核心」が決めたことだから」

浙江省時代の部下たちは、習のコラム名にちなんで「之江新軍」と呼ばれる。福建省時代や上海時代の部下も含めた「習家軍」という呼び方もある。その勢いは党大会に向けてどんどん強くなっていく。

不協和音

二〇一六年一二月
強引ともいえる習近平の政治手腕は党内で反発を生み始めていた。ただし、面従腹背。それは「軟らかな抵抗」と党関係者の間で呼ばれた。

名物閣僚、早すぎた退場

拍手はしばらく、鳴りやまなかったという。

二〇一六年一一月一〇日、北京市西部にある中国財務省の講堂で開かれた財務相、楼継偉の退任セレモニー。堅苦しい雰囲気が続く中国の役所の式典で、社交辞令ではなく、出席者が時間を忘れて拍手をするのは珍しい。

改革派で、名物閣僚と言われた楼の退任は、多くの人が想定していたよりも早かった。中国が初めて議長国となった主要二〇カ国・地域（G20）財務相・中央銀行総裁会議の議長として、年間日程を終えたばかり。一一月末には京都を訪れ、財務相の麻生太郎と対談することまで内定しており、「寝耳に水」（外交筋）の交代劇だった。拍手は、楼を惜しむ気持ちだけでなく、「（出席した）幹部にだって覚悟がある」と同省関係者が言うように、無言の抗議の意もあったのかもしれない。

楼は首相だった朱鎔基が国有企業改革などで剛腕を振るった時代、次官級で改革を進めた「チルドレン」の一人。中国人民銀行総裁の周小川らと並び称される存在だ。財務次官を九年も務め、中央での経験は国家主席の習近平や首相の李克強をしのぐ。二〇一三年の財務相への起用は、朱鎔基時代のような経済改革を進める決意を習指導部が示した、と受け止められた。

2015年６月、北京の国賓館で麻生太郎財務相と会談する楼継偉（左）

実際に楼は国内では地方政府が不透明な手法で借金をするのを止めさせるなど、改革に腕をふるった。習の号令の下で生まれたアジアインフラ投資銀行（ＡＩＩＢ）も、「実動部隊」として設立にこぎ着けた。

誤算だったのは、富裕層に重く課税する不動産税など、楼が進めようとした抵抗の大きい改革を巡って、指導部が支援をしてくれなかったことだ。歯に衣着せぬ物言いをする楼は、国務院（中央政府）のなかでも「硬直した雇用制度を柔軟にしなければ」「農家への補助金が理にかなわない」と独自の考えを披露することが相次いだ。多方面の改革に手をつけようとするその姿勢は、体制内の既得権益層から反発も買った。

ただでさえ経済成長が鈍っている中国。さらなる景気の悪化は社会不安を生み、体制が揺らぎかねない。習指導部は、経済を失速させかねない積極的な改革路線を、「リスク」と意識するようになっていた。

楼の後任となる肖捷は、国務院副秘書長として、李克強を補佐する立場にあった。「党からの圧力を受ける李が、自分の子飼いを財務相につけたかった」。党関係者は解説する。李からたびたび退任を勧められ、習からも慰留を受けなかったことで、楼も決断を余儀なくされたという。

新税の導入や中央・地方の支出の整理といった改革が未完のまま、「一言居士」が退場する。習への一極集中を進める指導部が、朱鎔基時代の改革とは異なる道を歩んでいることを物語る一幕だった。

「リーコノミクス」と「権威人士」

その言葉は今、党中央の指導者たちが集まる中南海で明確にタブーとされている。

「リーコノミクス（李克強経済学）」

習体制が始動した四年前、経済学博士号も持つ新首相の手腕への期待を込めて、メディアにたびたび躍った表現だ。

高度経済成長が終わり、安定成長へどうかじを切るか。経済の最大の課題だ。その答えとして李は政府の許認可権を減らし、市場に経済を任せて民間の活力を引き出そうとする策を唱えた。西側の資本主義諸国にもなじみの深い「小さな政府」路線を目指すものともてはやされた。

だが、リーコノミクスの言葉は、すぐに姿を消すことになる。習が党組織を通じて経済運営も主導することが日に日に明らかになったからだ。

二〇一四年六月、国営新華社通信は共産党が経済方針を決める「中央財経指導小組」の会議が開かれたことを伝え、そのなかで習が組長を、李が副組長を担っていることを報じた。この指導小組は党が経済方針を決める場だ。これまでの体制でほとんど公表されなか

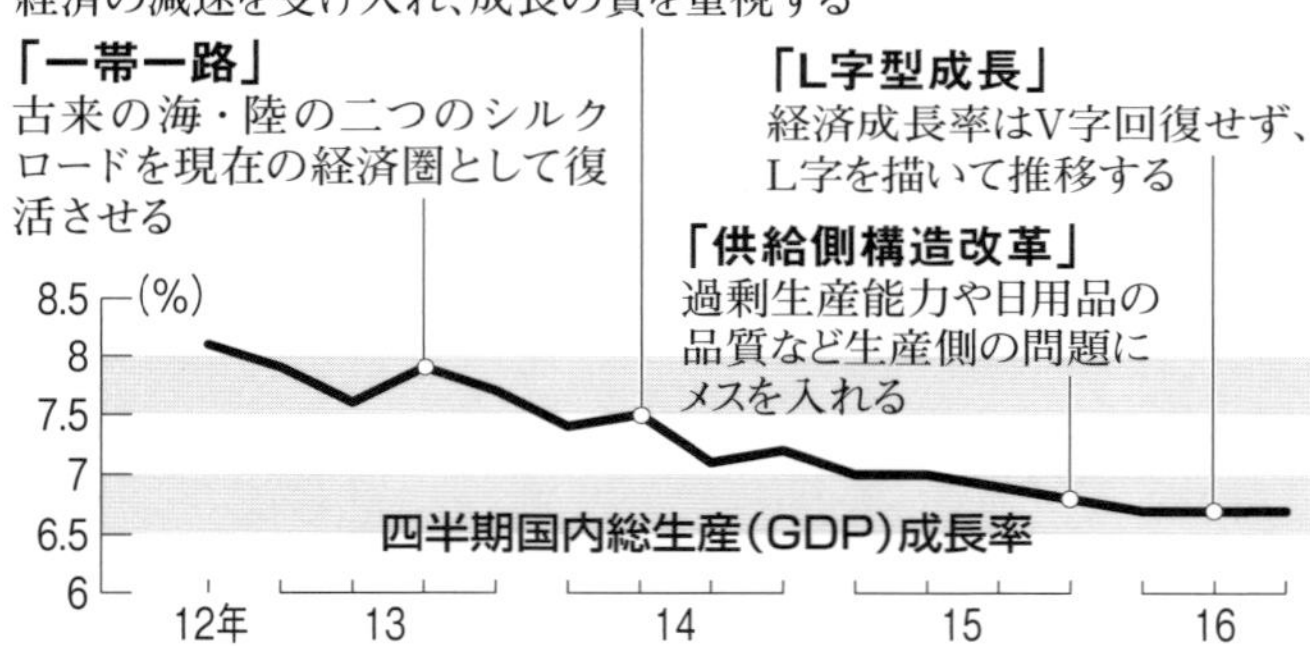

過去５年のＧＤＰ成長率の推移と経済政策

った「舞台裏の組織」（中国紙）だった。

中国では党が政府を指導する仕組みだが、経済運営についてはこれまで、政府のトップである首相が主導する体制が取られていた。

ところがこの党組織は、習体制の下では主要経済官庁の次官級を事務局に加えて陣容を拡大。年三回ほどの開催がその都度報じられ、明確に「表舞台」に躍り出た。研究者は今や「（最大の経済官庁の）国家発展改革委員会よりも権限は大きい」とする。

リーコノミクスと似たような改革の考えは、二〇一四年末には習主導で成長率の低下を受け入れる「新常態（ニュー・ノーマル）」という言葉で表現されるようになった。文案を起草したのも、中央財経指導小組だった。

とはいえ、実際に政権が選択してきたのは、市場任せで企業の淘汰を迫る「ムチ」ばかりではない。景気の低迷で失業者が増え、社会不安につながることは一党支配の正統性に関わる事態だ。現実には利下げによる金融緩和でお金を流し込み、インフラ工事への財政出動も繰り返す「アメ」によって景気の下支えをしてきた。

二〇一五年の経済成長率は六・九パーセントと四半世紀ぶりの低水準となり、目標の目安とした「七パーセント」も下回った。なお続くと見られた低迷を、二〇一六年一―三月期は六・七パーセントと小幅の減速で食い止めた。お金が流れ込んだ不動産市場の低迷がようやく終わり、公共投資も効果を発揮したためと見られていた。

その矢先の二〇一六年五月九日、共産党機関紙「人民日報」に一面の一部と、二面のすべてを割いて掲載された文章が議論を呼んだ。「権威ある人士」と名を伏せた人物が、国の経済政策を語ったのだ。

その人物は、成長が鈍った経済は容易には回復せず、成長率は「V字型」ではなく、「L字型」のグラフを描いて進むと指摘した。不動産の高騰や過度の投資に頼った経済運営を戒める内容で、李克強のもとでの経済運営への批判とも受け取れる内容だった。

「権威ある人士」とは誰か。国内の見方はほぼ一致する。習の経済ブレーンで、この小組を実質的に仕切る同小組弁公室主任の劉鶴だ。

大規模な公共工事や無理な借金に頼らないという改革の発想は、もともとは李が示していたものだ。同じような考えを、党側が指摘するちぐはぐさ。政権に近い金融関係者は言う。「理論闘争というより、政治的な個人攻撃に近い」。中国メディア関係者は「習氏が李氏の手腕を信用していない証し」とも語る。

党側からの李への牽制と見られる動きは、なお続いた。

二〇一六年七月末の党政治局会議は、「資産バブルを抑えるべきだ」として、初めてバブルに言及した。市場を冷ましかねないバブルへの言及はこれまで、「政府が慎重に見送っていた」（清華大学教授）にもかかわらずだ。

一〇月の国慶節連休の前後には、二〇あまりの主要地方政府が申し合わせたように突如、住宅の購入制限策を打ち出した。「政府ではなく、党の水面下での指導だ」との見方が強い。党が経済を仕切る構図に、共産党関係者は「中国は一極集中のほうが効率が良い」とその理由を話す。しかし、政府と比べ党の動きは見えにくいだけに、政策決定の不透明感は増している。

世界揺るがした「中国ショック」

「上海から北京（中央）には一〇〇も提案しているのに……」

二〇一六年秋、外資系企業の意見を聞く会議で、上海市首脳が苦しい表情を見せた。二〇一三年秋に始まった上海自由貿易試験区について、「使い勝手が悪い」と企業側が注文したことに対し、中央から改革をストップされている実情をにじませた。

規制緩和や外資開放を大胆に進める特区として始まった試験区は、「李克強首相肝煎り」の政策であり、市場重視の改革をうたう政権の目玉と言われた。同じ年の秋、党は中央委員会第三回全体会議（三中全会）で「市場に決定権を与える」とした大胆な経済改革のパッケージも示した。

特に期待されたのが、これまで強く規制されてきた、海外との資本のやりとりを自由貿易区で解禁することだ。実現すれば、閉鎖されてきた中国の金融市場の開放に大きく近づくことになる。

だが、「市場に任せる」のかけ声は、中国の経済がその市場に揺さぶられることが続くうちにしぼんでいった。

二〇一三年夏に短期金利が高騰し、経済が一時、資金を求めてパニックに陥った。右肩上がりの上昇を続けてきた人民元相場は二〇一四年から下落に転じた。二〇一五年には、株の急落と人民元安が世界の金融市場を震わせ、「中国ショック」とも呼ばれる事態を引き起こした。

この二〇一五年の株安では、三カ月間で上海市場の時価総額が一時、四〇パーセント以上吹き飛んだ。政権は、中央銀行までが無制限に資金を出して株を買い支えるなど、なりふり構わぬ手段で食い止めに動いた。「悪意のある空売りを取り締まる」と司法介入にも踏みきった。

「市場は力ずくで抑え込める」と、各機関のルールを無視するやり方に、市場関係者は「習氏への忠誠合戦のように各組織がばらばらに対応し、政策のパッチワークになってしまった」（金融大手首脳）と嘆いた。

市場にゆだねるという路線は、弱肉強食による淘汰によって国内経済が長期的に効率的になることを目指すものだ。だが、その「痛み」が激しければ、社会からは不満も出る。反腐敗を最優先させる習にとって、経済での「失点」で政権基盤が不安定になることは許されないことだった。

習の安定重視の路線は、経済改革の「本丸」と見られた国有企業問題でも鮮明となった。二〇一五年に公表された国有企業改革の基本方針では、想定された大胆な民営化は姿を消した。逆に「国有企業を強く、大きく」とうたわれ、各企業に「党の関与を強める」とも明記された。

非効率性が指摘される国有企業に本格的なメスを入れるのではなく、より強固に党に従う体制を築く。金融や通信、エネルギーなど経済の根幹部分で国有企業がほぼ独占する体制は、厄介な市場をコントロールするうえでは有利だ。企業の経済研究者はこう話す。

「経済でリスクを最小限にしたい習政権の特徴が随所に表れている。本質的に習氏は、民間企業家を信頼していない」

政府系シンクタンク研究者は「現行の経済政策を批判する意見を書けなくなった」と声をひそめる。政府系シンクタンクや北京大などの有力大学は重点的に「監視」にさらされている。

いま中国政府は、人民元安を不安に感じ、企業や個人が資産を国外に移す「資本流出」に神経をとがらせる。銀行幹部は日常的に中央銀行や為替監督当局に呼び出されるようになった。

「企業による外貨の売りと買いが同じになるように保て」

「大口の外貨買いは事前に届け出を」

「人民元の海外送金も増やさないように」

自由化とは逆行する、なりふり構わぬ水面下の指導が乱発され、「厳しく口止めされている」という。

かつて看板政策と期待された上海自由貿易試験区を使った金融市場の開放は、絵に描いた餅になりつつある。大手銀行幹部は「今や自貿区は、お金を海外に逃がす抜け穴として当局に逆に警戒されている」とまで話す。

二〇一六年一二月に北京で開かれ、二〇一七年の経済方針を決めた党と政府の「中央経済工作会議」の文書では、安定を意味する「穏」という字が二四回も用いられた。二〇一七年秋の党大会を控え、経済でも「改革より安定」を目指すという明確なメッセージだった。

軟らかな抵抗

長江のほとり、前国家主席の胡錦濤が生まれ育った街として知られる江蘇省泰州。二〇一六年一二月下旬、地元の報道をたよりにようやく探し当てた郊外の工業団地に行くと、不思議な光景が広がっていた。

新しい衣料品工場はできている。なのに、そこへ行く道路がない――。

「工場の建物は九月には完成していたんだけど、なぜか周囲の道路はまったく手つかずだった。水道は通ったけど、電気もまだ通ってないよ」

敷地を囲む塀を造っていた建設作業員はあきれ顔で話した。砂利の路面は、砂ぼこりをかぶった黒いビニールで覆われていた。「あの賞をとるまでは、工事はまったく手つかずだったよ」

あの賞とは、泰州市が二〇一五年から始めた「カタツムリ賞」のことだ。のろのろして進まない行政の怠慢を市民から電話やメールで募り、「賞」と皮肉って批判する。担当する市の「効能建設領導小組弁公室」（効能弁）が一〇月下旬に発表した三回目の「受賞者」の一つがこの場所だった。

受賞理由はこうだ。

▽行政が道路や水道、電気を整備すると契約書で約束したのに、工場の建設が終わっても工事を始めていなかった▽企業は何度も陳情していたのに、工事の申請すら効能弁が調査を始めてからだった。

進出する衣料品メーカーの社長は「もう解決したことだから」と言葉を濁すが、工事の遅れで操業開始が遅れれば、企業の経営はそれだけ損をする。事情を知る地元関係者によると、地元政府と契約を交わしたの

江蘇省泰州の位置

に、工事が遅々として進まないことに業を煮やした衣料品メーカーの関係者が、「カタツムリ賞」に自ら「応募」したのだという。

工事をしたくても、資金が足りなかったのか。遅れた理由を問いただした関係者に、地元政府の幹部はこう答えたという。「今の政府に金がないはずはないだろう。ただやらないだけだよ。一部の幹部が仕事をしたがらないんだ」

地元政府の関係者は「習近平国家主席が就任してから、こんな現象が広がっている」と明かした。反腐敗の動きが強まり、企業を誘致しても、公務員には「特別手当」が出せなくなった。役人の給料は安い。何の得にもならないことに力を入れる役人は誰もいないのだと。

カタツムリ賞を受賞した工業団地（2016年12月27日撮影）

官僚たちのこうした「不作為」が、静かに広がっている。

かつては企業を誘致さえできれば、手段はなんでもありだった。その行き過ぎが企業との癒着や汚職といった腐敗につながった面がある。だが、それを引き締めると、役人はとたんに動かなくなった。二〇一五年五月、共産党機関紙「人民日報」は「原因は複雑だ」

として、地方官僚たちの本音をこう伝えた。

「（習近平指導部の）反腐敗が厳しく、無理をすれば規則違反に問われる。何もしなければ、違反に問われることはない」

「自分の身がきれいじゃないことが発覚するのを恐れる幹部もいれば、ミスをして批判されることを恐れる幹部もいる。法規に違反しているような役人はごく少数だが、何かを成し遂げるには、各方面の利権に触れる可能性がある。うまくやっても誰にも評価されないが、失敗すれば責任を問われる」

「地方の幹部は権限が少なく給料も安いのに、任務と責任だけは大きい。やって損をするなら、やらないほうがまし」

役人がリスクを恐れるあまり、当然やるべき仕事までが滞り始めていた。

指導部も、この問題には手を焼いていた。

首相の李克強は二〇一五年二月の会議で、「給料をもらいながら、何もせずに怠けている。これも一種の腐敗だ」と厳しく戒めた。

習も二〇一六年一月に地方の幹部を集めた党の会議で、こう強調した。「一部の幹部は積極性が低く、不作為の問題が起きている。我々はこの問題を重視し、きちんと状況を把握しなければならない。原因と対策を分析し、解決しなければならない」

習近平国家主席

「一部の幹部は思想が混迷し、積極的に動かない」

16年1月の党会議

李克強首相

「去年開発の許可を出したのに、7割の土地は放ったらかし。政策がどんなに良くても、意味がない」

15年4月の東北3省座談会

❶黒竜江省 ❷吉林省 ❸遼寧省

軟らかな抵抗

❹江蘇省

泰州市が16年に「カタツムリ賞」を設け、30項目34の行政の怠慢を「表彰」

軟らかな抵抗

❺河南省

16年冬、省政府が市民200万人の携帯電話投票で政府の怠慢を調査

軟らかな抵抗

❻湖北省

「地方幹部は権限が少なく、給料も安いのに任務と責任だけ大きい。やって損するなら、やらないほうがいい」

荊門市幹部、15年5月の「人民日報」から

！ いらだち

❼広西チワン族自治区陳武副書記

「優遇政策の効果が見えてこない。一部の幹部が主体的に動かないからだ」

16年6月の会議

中国に広がる「軟らかな抵抗」と指導部のいらだち

だが、習自らが旗を振る反腐敗が国中に行き渡るにつれて、皮肉にも手足が動かなくなり始めているのだ。

二〇一六年夏、一つの言葉が中国のネット上で瞬く間に広がった。

「軟抵抗（軟らかな抵抗）」

中国人民大学教授の金燦栄が広東省広州での講演で語った言葉だ。金の専門は国際関係だが、国内政治の現状をこう論じた。

「二〇一五年ごろから、習主席は全国で軟らかな抵抗に遭っている」。金は、地方のエリートや政府幹部の不作為は普遍的な現象だといい、「彼らは守れと言われた規定は非常にまじめに守る。上に反対はしない。だが、誰も仕事をしないから、あらゆる政策は無意味になる」と語った。

広まった講演内容はすぐにネット上から削除された。だが、金は朝日新聞の取材に「事実を言ったまで」と話し、背景には習の路線変更があると解説した。

鄧小平が始めた改革開放路線は、社会にある程度の自由を認め、条件の整った地域や一部の人から先に豊かになることを認めた。いわゆる「先富論」だ。以来、四〇年近く、経営者となったエリート層や地元政府の幹部らは大もうけしてきた。ところが、習は反腐敗や党内の規律強化により、この既得権益にメスを入れようとしているため、抵抗に遭うのだと。

金の観察によれば、二〇一二年一一月に習近平指導部が発足した後、二〇一三年、二〇一四年は官僚や経営者たちが習の方針を見極める時期が続いていたという。二〇一五年になって、路線の違いを認識したエリート層らが抵抗を始めたと見る。

金燦栄中国人民大学教授
(2016年11月21日撮影)

「これは正面から反対する「硬い抵抗」ではない。表面的には習主席や中央の言うことを聞きながら、実際には何もしない、目に見えない「軟らかい抵抗」だ」

中国の経済は、市場と政府という二つのエンジンが牽引してきた。地方では、その一つである政府の推進力が失われてしまった、と金は見る。

「人事が固まる次の党大会まではこの状態は変わらないだろう」

遼寧の憂鬱

中国東北部にある遼寧省の省都・瀋陽。その中心部にある繁華街「太原北街」の店舗に、バツ印の貼り紙が次々と貼られたのは二〇一六年初夏から冬にかけてのことだった。

通りに面したレストランや商店の入り口は、ベニヤ板で覆われた。高級な海鮮レストランも立ち並び、にぎやかだった全長約二〇〇メートルの通りはほとんどが閉店。夜の明かりは消えた。一斉に閉店に追い込まれた店舗は、約三〇に上った。

貼り紙には、「瀋陽軍区機関幼稚園封」などと書かれている。店舗は通り近くにある軍の幼稚園などが民間の飲食店などにテナント貸しして家賃を取っていたと見られるが、急に賃貸契約を打ち切ったようだ。近くにあったプールやサウナなどの軍関連の保養施設も閉鎖された。

太原北街の閉鎖された飲食店。瀋陽軍区の関連団体が店舗を閉鎖したことを示す紙がバツ印の形に貼られていた（2017年１月10日撮影）

「軍側から「もう貸せなくなった」と言われた。賠償金ももらっていない」。閉店した飲食店関係者はあきらめ顔でそう語った。

だがその後も物件を追い出された店子たちの不満はくすぶり、人通りが増える通勤ラッシュの時間帯に店子たちが抗議の横断幕を出したこともあった。

きっかけは、習指導部が進める軍改革だった。

習体制は二〇一六年二月、それまで陸軍を中心に全土を七つに分けて管轄していた「軍区」を、五つの

「戦区」に再編成し、陸、海、空軍などに分かれてばらばらだった指揮系統も一本化が図られた。

改革のメスは、遼寧、吉林、黒竜江の三省と内モンゴル自治区の一部を管轄し、朝鮮半島ににらみをきかせるため精鋭部隊が配置されていたことで知られる旧瀋陽軍区にも入った。その一つが、繁華街でのテナント貸しといった軍の副業の禁止だった。

この旧軍区は胡錦濤体制で軍制服組トップの中央軍事委員会副主席を務め、二〇一四年に汚職で摘発された徐才厚（二〇一五年に死去、不起訴処分）が長く勤務した。徐の影響力が強く、江沢民体制下の一九九八年に原則として禁止されたはずの不動産賃貸業などの軍の副業が一部で残っていた。軍区幹部はこうした利権を握り、腐敗の温床となっているといわれていた。

こうした改革は、軍内部を大きく揺るがしている。軍改革は表向き、作戦遂行能力を高めることが目的だが、旧瀋陽軍区に詳しい関係筋は「習が徐の影響力を取り除いて軍を掌握しようとする動きで、既得権を奪われた現場の不満は根強い」と話す。

遼寧省の混乱は、習指導部が進める腐敗摘発の大なたが、波紋を広げていることも背景にある。

省トップの書記だった王珉を始め、省高官が相次いで汚職容疑で摘発された。二〇一六年九月には、省の議会に相当する省人民代表大会（省人代）の代表四五四人が買収行為に関与したなどとして一斉に失職。実に約七五パーセントの代表が資格を失う異常事態となった。

地元では、習が権力闘争の一環として、遼寧省を標的にしているとの疑心暗鬼も広がる。遼寧省は首相の李克強がかつてトップを務めた場所であり、前書記の王は江と関係が深いとされる人物だった。王の後任として省の書記に就いた李希は習に近いとされる。李希は二〇一六年末、省の党代表大会で「王珉らの腐敗案件の悪劣な影響を一掃しよう」と訴え、一連の不祥事や経済の低迷は王の責任だとレッテルを貼り、批判を続けている。

遼寧省の経済成長率は二〇一六年、全国の省レベルで唯一、前年比マイナス二・五パーセントとマイナス成長に落ち込んだ。重厚長大型の産業構造や国営企業の整理が進まないことが大きな原因だが、ある省政府関係者は「経済低迷の責任も、王一人に押しつけている」と憤る。

複数の省政府関係筋によれば、省幹部たちは反腐敗キャンペーンでの摘発を恐れて企業との接触を避けたり、開発事業の決裁が滞ったりするようになった。取り締まりを担う規律検査委員会などにマークされることを避けるために官僚たちの「不作為」が広がっているためだという。権力闘争の巻き添えになりたくない、という意識が強まっている。

こうしたムードは、経済立て直しを担うはずの省内の下層の公務員たちにも波及している。幹部が汚職で失脚したある市政府の女性職員によると、職員たちは企業関係者との会食などの接触を自粛し、昼食も外出せずに市政府内の食堂で済ませるようになった。結婚式は、「結婚祝いの名目で金を受け取っている」と見られるため、挙式を開くのをためらう職員もいるという。この女性は「みな定時よりも一時間以上早く退勤するようになった。他の仕事を探しているのだろう。私もこの仕事を長くは続けないつもり」と話した。

省の経済が落ち込んでいるなか、省政府関係者は嘆く。「目立てば失脚させられると恐れ、誰も動こうとしない。逆効果だ」

第二章

習近平の側近たち

二〇一七年四月—五月

主な登場人物

栗戦書（リーチャンシュー）　習の河北省時代からの知己。党中央弁公庁主任として習指導部を支え、党大会で最高指導部入り。その後、全国人民代表大会の常務委員長に。

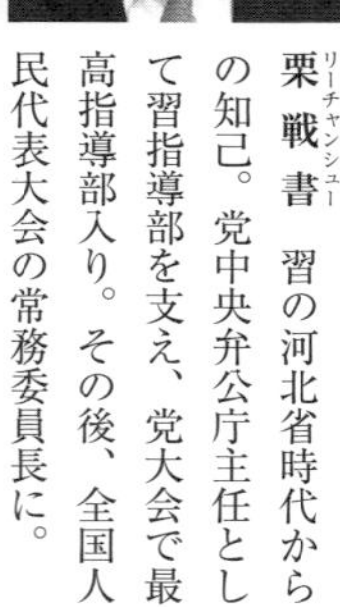

劉日（リウリー）　元河北省無極県書記。習が初めて地方指導者として赴任した河北省正定県で副書記を務めた後、栗の後任として無極県書記となり辣腕を振るった。

応勇（インヨン）　浙江省高級人民法院長として、当時省トップだった習の信任を得た。上海に引き抜かれ、上海市長に。

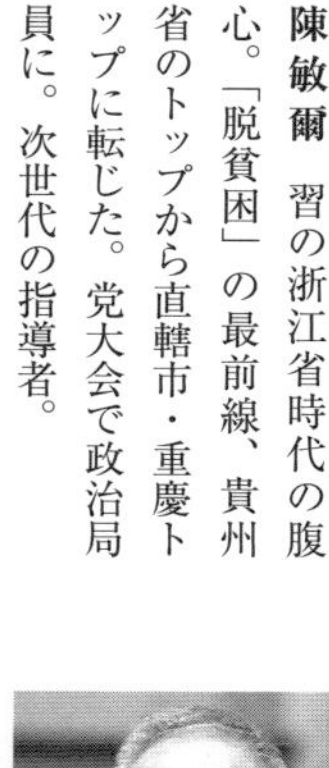

陳敏爾（チェンミンアル）　習の浙江省時代の腹心。「脱貧困」の最前線、貴州省のトップから直轄市・重慶トップに転じた。党大会で政治局員に。次世代の指導者。

李強（リーチアン）　習の浙江省時代、秘書長として支えた。江蘇省書記から、党大会を経て政治局員に昇格し、上海市の書記に。

薄熙来（ボーシーライ）　元重慶市書記。習と同世代のライバルだったが、二〇一二年に家族や部下のスキャンダルで失脚。収賄罪などで無期懲役判決を受け、服役中。

胡春華（フーチュンホワ）　共青団トップからキャリアを積み上げた。第一次習体制では広東省書記。党大会でも政治局員に再任された。

蔡奇（ツァイチー）　北京市の書記。福建、浙江と地方時代の習を支えた腹心。党大会で政治局員に昇進。

二〇一七年四月～五月
習近平体制では、習が地方で勤務した時代の部下だった幹部たちが次々と重用されてきた。こうした側近とはどんな人々なのか。その人物像から習の政治思考を探った。

栗戦書と劉日

懐刀は地方の同志―栗戦書

ヤシの木が風になびく米フロリダ州パームビーチ。二〇一七年四月七日午前、米大統領ドナルド・トランプの別荘「マール・ア・ラーゴ」の、金の装飾がちりばめられた白い柱が並ぶ豪華な部屋で、米中双方の首脳や幹部が向かい合って座っていた。

中国の国家主席、習近平の右二つ隣、トランプの斜め向かいに、色黒で目つきの鋭い男が座った。

習の懐刀、栗戦書。肩書は中国共産党中央弁公庁主任。日本でいう官房長官と党幹事長を合わせたような要職である。栗の発言が表に出ることはほとんどないが、習の秘書役として常に付き添う陰の実力者だ。党の機密文書や通信の取り扱い、国家指導者の身辺の安全管理などを取り仕切る政権のキーパーソンと言える。

栗をこの地位に大抜擢したのは、習である。

一九八〇年代半ば、栗が農村地帯にある河北省無極県の書記を務めていたとき、習はすぐ近隣の正定県で書記を務めていた。このとき以来の深い関係だと言われる。ともに若き三〇代の県書記はいかに知り合い、関係を深めていったのだろうか。中国指導部の中枢に立つ二人の原点とも言える無極県を訪ねた。

どんよりとした曇り空の下、黄砂で薄汚れた人家の周囲に広大な畑が広がっている。中国河北省の無極県は、農業を中心にした人口約五〇万ほどの小さな県である。中国の県は省や市の下に属する行政単位で、日本では町に当たるイメージだろう。

一九八〇年代の半ば、この何の特色もない、中国のどこにでもあるような県のトップを務めていたのが栗だった。

栗はどのような県書記だったのか。そう尋ねると、返ってきた住民たちの反応はちょっと意外なものだった。

「八〇年代の書記と言えば、劉日だろう。その前の書記？　ああ、中央に行ったヤツか。名前は何だっけ？」。県の中心部に向かう道中、三〇代の男性運転手はそう言った。

話はいきなり本題から逸れてしまうが、説明したい。劉日とは、栗の後任として無極県の書記になった人物だ。

驚いたことに、県中心部で住民たちの話を聞くと、みな同じような反応が返ってきた。住民の記憶にある有名な県書記とは、現在の国家指導者である栗ではなく、この劉という後任の書記の思い出ばかりなのである。

みなが口をそろえたように劉のことを名書記とたたえた。一方の栗は印象の薄いリーダーだったようで、名前さえ思い出せない人が少なくない。

いったいどういうことか。劉日とは何者か。経歴を見てみる。

一九四八年生まれ。高校教師などを経て、一九八五年から九三年まで、無極県の書記を務めた。栗が書記だったのはその前の一九八三年から八五年だ。

劉はその後、省都の石家荘市の幹部を務めた後、河北省の行政学院の副院長を最後に定年退職している。役人として出世はできなかったようだ。

首都北京では誰も知らないような人物が、地元ではなぜ栗よりも有名なのか。劉の経歴を見直しながら、はっと気付いた。

劉は、無極県の書記になる前に隣の正定県の副書記を務めている。そのときの正定県の書記は習だ。つまり劉は習の直属の部下から、栗の後任に転任する形で習と栗をつなげている。

今や中国の頂点に立った習近平。その習によって大抜擢されながら、地元では印象の薄い栗戦書。一方で、習の直属の部下であり、名書記と言われながら、出世しなかった劉日――。

一九八〇年代、この河北省の農村で三人の若手指導者の間にいったい何があったのか。その答えを追った。

「工事やめろ」――劉日、前任書記を否定

中国河北省の無極県。中国のどこにでもあるような田舎の農村地帯だが、県の中心地には小規模ながら繁華街があり、そのそばにアパートが並ぶ住宅街があった。

六九歳の男性が自宅アパート前に小さなイスを置き、ひなたぼっこをしていた。姓は鄧という。話しかけると、にっこりと笑って、フルネームも教えてくれたが、こうして記事を書けば、何か迷惑がかかるかもしれない。ここでは姓だけを書いておくことにする。

「工事をやめろ。そう叫んだんだ。書記がね」

鄧が言ったのは一九八五年、街の道路工事に携わっていたときのことだった。

新しく着任した県書記の劉日が突然やってきて、鄧ら作業員たちに工事の中止を宣言したのだそうだ。

1980年代、河北省無極県の書記として住民らと対話を進めた劉日（王宏甲『無極の道』中国人民大学出版社より）

習近平の側近、栗戦書はここ無極県で一九八三年から八五年まで書記を務めた。当時、近隣の正定県では習が書記を務めていた。その正定県の副書記から新たな無極県の書記として転任してきたのが劉日である。

劉が着任してまずやったことは何だったのか。鄧ら住民の話によると、それははっきりしていた。前任者の否定である。

劉は栗が進めていた公共工事プロジェクトを中止した。今でも住民たちが誇らしげに語る劉の英断である。

街の近代化を進めるための都市開発を行う計画だったが、地元の要望に合わないと評判の悪い工事だった。道路などのインフラを新しくきれいにすることよりも、もっとほかにすることがあるのではないかと多くの住民が思っていたという。

ほかにもある。

栗時代に提起されたのはキリの栽培だった。しかし、多くの農家でその栽培は失敗しつつあった。これに対し、劉はリンゴなどの果物栽培を奨励した。これは成功し、農民に豊かさをもたらした。住民たちは今、口をそろえてそう評価する。

当時のことを調べると、大型の公共工事などは、栗が考えた政策ではない。省政府が決定し、各県に下ろした方針である。共産党の幹部たちが机上で決めた計画だった。

栗は忠実に上部機関の指示を実行に移し、失敗に直面していた。一方、劉は上部機関の指示などではなく、地元に合う栽培が何かを専門家に聞いて回り、じっくりと自分で研究した。その結果はキリではなく、果物だった。指示に従わず、独自のアイデアで成功したわけである。

しかし、二人を知る習は、栗のほうを抜擢し、自らの側近に引っ張った。

結局、習は上司の言うことを素直に聞き、実行する人物を重用し、劉のような自分の考えを持って政策を判断するような才能を認めなかったということか。

いや、そんな簡単に結論を出すのはまだ早い。栗と劉。一九八〇年代、河北省で習が出会った二人の幹部の姿を引き続き、追ってみる。

冤罪事件ショック、司法改革へ

ここに一冊の本がある。

『無極の道』という、中国人作家が書いた劉日についての本である。

劉は、習近平が一九八〇年代に河北省正定県の書記だった際、副書記として直属の部下だった。劉本人へのインタビューなどを経て、一九九〇年に出版された本には、若き日の習に触れた部分も数カ所ある。

そのうちの一つは、劉が、強盗殺人罪に問われた男の死刑執行の承認サインを求められたときの話だ。

劉は裁判所や検察の幹部の反感を買いながら、徹底した再捜査を進め、自ら真犯人を見つけ出す。習もこの冤罪事件の調査で劉に協力していた。

本の記述にはこうある。

夜。白熱電灯の下、劉日は書記の習近平とともに（死刑判決を受けた男の）取り調べに臨んだ。

劉「自分がやったのではないのに、なぜ認めた」

死刑囚の男「もう殴られたくなかったからだ」

劉日は、取り調べをした警察官に迫った。「どうやって自供させた」

警察官は立ったまま、顔を真っ赤にして答えた。「狡猾そうに見えたので、痛めつけましたら、すぐに自供しました」

このとき、三〇歳になったばかりの習は何を感じたのだろうか。

これはまったくの想像だが、さぞかしショックだったのではなかったか。処刑されかけていた男が、部下の懸命な再調査によって無実を証明された瞬間に立ち会ったのだから。

一方で、中国の刑事警察の現場で、いかに非人道的なことがまかり通っているのかも、習はこのとき学んだに違いない。こうした経験はその後、習の考えに何らかの影響を与えたと見られる。

習は国家主席になった後、司法改革を打ち出した。そのなかには死刑判決を慎重に判断し、死刑数を減らすとの方針もある。もちろん、前国家主席の胡錦濤の時代からの流れではあった。しかし、習はこれをさらに進めた。二〇一六年、無罪判決を受けた被告は一〇七六人に上っている。

ただ、習が国家主席になっても、劉が重用されることはなかった。習が側近に抜擢したのは、正義感あふれる仕事を一緒にした劉ではなく、近くの無極県の書記で、劉に仕事ぶりを否定された栗戦書だった。

それはなぜか。次は、栗という人物を見ていこう。

幹部会議で親交結ぶ

赤れんがでつくられた大礼堂は朽ちかけていた。

中国河北省の無極県にある農村地帯、郭庄村。今は使われていないこの共産党支部の建物で、一九八〇年代の半ばに地元の幹部会議が開かれた。

当時のことを知る村の住民たちは振り返る。

現在の国家主席である習近平と、その最側近である党中央弁公庁主任の栗戦書は、とも

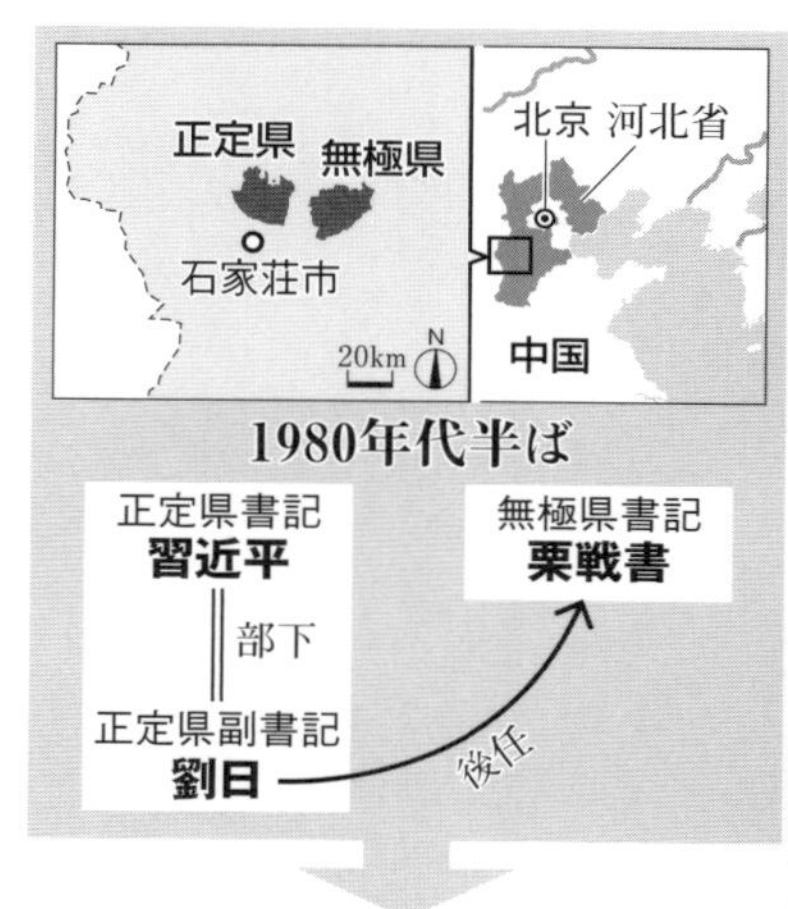

右上）1980年代に河北省正定県の書記をしていた30代のころの習近平（手前左、中国政府の公式サイトより）
右中）1980年代に無極県の書記をしていたころの栗戦書（前列右から３人め）
右下）1980年代に近隣の県の書記同士だった習近平と栗戦書がともに参加した会議が開かれた大礼堂
左）1980年代の習近平、栗戦書、劉日のポジション

に近隣の県の書記の立場で、この会議に出席していたという。

三〇代の若手指導者だった二人が具体的にどのような会話を交わしたかは分からない。ただ、丸一日かけて議論をする当時の会議を通じ、二人は親しくなっていった、と住民の一人は語った。

「会議にいた、ほかの幹部たちは年配者ばかりだった。誰も二人を気にかけない。習と栗は二人でかたまっていたよ」

元副首相の父親を持つサラブレッドの習と違って、栗は、河北省の平山県という田舎の出身だ。

栗は幼いころから勉強がよくできたと言われる。北京の有名大学への進学が期待されたが、文化大革命によって受験制度が混乱し、地元の専門学校に入学。その後、省都の石家荘の政府部門で働き始めた。

当時の栗と親しかったという関係者によると、チャンスが回ってきたのは、一九七〇年代後半。党の資料課の勤務になったことだった。当時の石家荘地区の書記に資料を届けるうちに信頼され、徐々に秘書のような立場になった。

一九八三年、三三歳の栗は無極県の書記に任命され、年上の県幹部たちの上に立った。将来の幹部候補として、指導者としての経験を積ませる人事である。

栗の政治スタイルは、斬新なアイデアを出したり、正義感にあふれた判断をしたりするといったものではなかった。ただ、上部機関の指示を確実にこなしていくだけの指導者だったかというと、そうでもないようだ。

県書記だった栗と「一緒によく酒を飲んだ」と話す元軍人に会うことができた。自宅を訪ねた私に、元軍人は公表されていない若き栗の素顔を感じさせるエピソードを教えてくれた。

部下の心つかみ、組織まとめる

「なかなかの人物だよ。隣の家に学生時代の同級生がいたので、よく訪ねてきていた。呼ばれて、一緒に酒を飲んだよ」

七三歳になる元軍人の男性は懐かしそうに目を細めて、栗戦書が河北省の無極県の書記だったころの思い出話を始めた。

一九八四年二月、人民解放軍の北京軍区が無極県で民兵の活動をたたえる記念式典を開いた。地元の軍の幹部だった男性は式典準備の仕事をしたという。

式典前に、軍から三六〇人分の軍服セットが届いた。まだ中国が貧しい時代であり、新品の軍服は貴重なものだった。地元関係者は喜んだ。しかし、地元の閲兵部隊から式典に参加するのは八〇〇人。これをどう分配するかが問題となった。

男性の上司だった地元の党幹部らは、部隊全員が着ることができないなら、いっそのこと自らが管轄する展覧館などの係員にも軍服を配ろうと考えた。配られない部隊員が少し増えてもいいという考えだった。男性はこれに反対し、一人でも多くの部隊員が新品を着るべきだと主張した。

式典の地元責任者だった栗は、男性の意見を認め、この案を採用した。会議の席で栗は男性を指名して尋ねた。「何かまだ問題はありますか？」。男性は即答したという。「ありません。これで任務の遂行を百パーセント保証します」

気が治まらなかったのは男性の上司だった。県のトップである書記の前で、部下の反対意見が通っては自分たちのメンツが立たない。上司らは、男性を軍の幹部から外そうとしたという。

男性は栗を直接訪ね、窮状を訴えた。突然の訪問にもかかわらず、栗は男性を部屋に招き、話を聞いた。

栗は言った。「なるほど、私から話をしてみましょうか。それとも、別の職場を見つけることもできますよ」。丁寧な対応に男性は恐縮し、そのまま部屋を後にしたという。

調整型、というのだろうか。派手なパフォーマンスはないが、部下の心をつかみ、組織をうまくまとめることができる指導者。そんな栗の政治スタイルが浮かび上がってくる話である。

退役軍人が語る「義理堅さ」

北京市中心部を走る目抜き通りの長安街に面し、威厳を保ってそびえる白色の建物「八一大楼」の周囲を、数千人に上る退役軍人らが取り囲んだのは二〇一六年一〇月のことだった。

中国の国防省や共産党中央軍事委員会といった軍の中枢機関が入る建物である。北京でも、政治的に最も敏感な場所の一つだ。北京にいる外交官の一人は「本当に驚いた」と語る。

退役軍人らの不満自体は数年前から伝えられていた。ただ、抗議の動きは北京を含む各地の陳情部門などに対するものにとどまっていたからだ。

「おれたちは国のために尽くした。それなのにこの待遇は何なんだ」

河北省の無極県に住む七三歳の男性も同じように政府の対応に怒りを感じていた元民兵

の一人だった。地元政府からの手当が年々少なくなり、二〇一六年ついになくなったという。

このとき、男性の頭に浮かんだのは、一九八〇年代に無極県の書記をやっていた栗戦書のことだった。知らない仲ではない。党中央弁公庁主任にまで上り詰め、国家主席の習近平の最側近と言われる栗に直接訴えれば、自分たちの窮状を理解しなんとかしてくれると思ったという。

同じ境遇の元軍人の地元の仲間と相談し、そのうち数人が北京に行くことにした。そして、栗に面会を申し込んだという。

2016年10月、北京の「八一大楼」の周囲を囲んで、迷彩服姿で抗議活動をする退役軍人ら

栗はこれに応じなかった。ただ、ホテルの部屋が用意され、元軍人たちは丁寧にもてなされたという。彼らが地元に戻ると、しばらくして手当が復活した。

「やはり戦書はたいしたやつだ。習主席に随行して外国訪問に行くことも多いから、会うのが難しいのは理解できる。でも、俺が会いに行けば、今でも必ず会ってくれるさ」

男性は親しげに栗をファーストネームで呼び、自信ありげにそう語った。

栗は義理堅い。

無極県の退役軍人らの間には静かにそうした評が流れた。目立つことなく、あつれきを生むことなく、内々で問題を解決していく。習はそうした栗のやり方を評価しているのだろうか。

出世が遅れた過去

目つきの鋭い人だな。それが私の第一印象だった。

栗戦書が二〇〇〇年代後半、まだ黒竜江省の省長だったころ、その演説を会場で直接、聞いたことがある。

ハルビン市の高級ホテルで開かれた日本の代表団を歓迎するパーティー。紹介を受けて壇上に立った栗は、強い口調で日中経済交流の重要性を唱えた。

日本との間で、尖閣諸島を巡る対立が先鋭化する以前のことだ。会場は日中友好ムードのなかにあった。ただ、あいさつを終えた栗はすぐに表情を硬く変え、足早に会場を後にした。何かもう一言でも、日中関係について話が聞きたいと思って、エレベーターホールまで追いかけたが、栗がこちらを振り返ることはなかった。

「やり手の省長だ。ロシアとの貿易で少しもめているが、彼は強い」。会場にいた顔なじみの地元当局者の一人がそう漏らしたことを覚えている。同省にとっては、国境を接するロシアとの関係が最重要課題だった。

そのころ、栗と習近平との特別な関係を指摘した外国人は、少なくとも私の周りにはいなかった。

栗と面識のある日本の元外交官は「当時は胡錦濤政権だった。習と派閥のような印象を与えないよう慎重に振る舞っていたのだろう」と振り返る。つまり、あえて目立たないように、習と特別な関係であることがうわさにならないように意識していたのではないか、との見方だ。

栗は黒竜江省の後、南方の貴州省の書記を経て、習の総書記就任と同時に、側近として、党指導部の政治局入りを果たした。

もちろん、栗の党幹部人生がこれまでずっと順風満

栗戦書が勤務した省

帆であったわけではない。

話を一九八〇年代に戻す。

栗は無極県の書記を務めた後、河北省で中堅幹部への道を進んだ。出世のスピードは早くない。

無極県の近隣にある正定県の書記だった習が、福建省や浙江省で出世の階段をトントン拍子で上がったのとは対照的だ。

河北省の省都、石家荘の副書記になりながら、五年後に格下の承徳地区の副書記に。その後、再び要職の省秘書長になりながら、閑職とも見られる役職に異動する。

党官僚として、足踏み感のある人事である。ある党幹部に理由を尋ねると、こうささやかれた。「当時、地元で何があったのかを調べてごらん。すぐに分かるはずだ」

当時の河北省で、何が起きていたのか。栗の出世の遅れには事情があった。

上司との不仲

気の合わない上司との関係は、どこの世界でも憂鬱なものだ。栗戦書も河北省の幹部だった四〇代のころ、そんな悩みを抱えていたのかもしれない。

河北省の要職である秘書長を務めた後の一九九七年、栗は同省の農村工作指導小組の副組長という微妙な役職に移される。失脚とは言えないが、省秘書長と比べると、日の当たるポジションとはとても言えない。さらに翌九八年には陝西省の同じ職位に飛ばされた。

なぜだろうか。当時のことを調べると、栗はこのころ、いずれも当時の省トップの書記、程維高（故人）やその秘書との関係が悪かったことが浮かび上がってきた。よくあることだが、人間関係がうまくいっていなかったことが、人事で足踏みした原因だと言われていた。

ただ、中国政治は一筋縄ではいかない。結果的には、上司とそりが合わなかったことが逆に、栗の出世の道を開くことになった。

その上司たちが失脚したからだ。

二〇〇〇年、程の秘書が巨額汚職で摘発された。後に死刑になる深刻な罪だった。程自身にも汚職の疑いが持ち上がり、二〇〇三年に党籍剝奪の処分を受けた。

当時を知る関係者から、栗の周辺にも調査が入ったとの話を聞いた。多くの幹部が程と緊密な関係があったが、栗は違った。

腐敗問題を調査する規律検査委員会の調査チームの報告書の話を聞いた。そこにはこう書いてあったという。

「(栗)戦書同志は原則性を持っている」。この表現をもって、調査チームは、栗が腐敗幹部と一線を画していると認定したという。

その後の栗は順調な出世を続けた。習が総書記になった際、中央委員候補から政治局員に二段階昇進を果たしたのも、このときの潔白との評価が影響したと言われる。反腐敗は習体制の最重要課題である。

一方、ここで再び当初の疑問に戻らざるをえない。

では、習の直接の部下から、栗の後任の河北省無極県の書記になった劉日はどうだったのかと。

劉日も腐敗幹部ではない。政治スタイルは栗と異なるが、正義感を持ち、広く庶民に人気のあった書記だった。でも、出世せず、習に抜擢されることもなかったのはなぜなのか。無極県の住民たちの話を聞くと、意外なことが分かった。劉もまた腐敗の調査を受け、その結果、完全に潔白であることが証明されたことがあったという。

ただ、規律検査委の出した人物評は、栗のものとはかなり違っていた。

抜擢されず、影のブレーンに?

一九八八年七月一一日、中国河北省の石家荘にある共産党の建物の前に、一三人の男らが立った。

「規律検査委員会に用がある。入れてくれ」

男らは同省の無極県の幹部たち。その代表が手にしていたのは、当時の県書記、劉日の汚職を告発する文書だった。

既定路線を否定し、大胆に新政策に踏み込む劉の手法は、部下の幹部との間にあつれきを生じさせていた。部下たちが告発という形で不満を示したのだ。

当時を知る関係者によると、劉は自ら進んで調査を受け入れたという。

調べに長い時間はかからなかった。結論は「収賄行為はまったくない」との無実の認定。劉が汚職とは縁遠い性格の人物であることは、はっきりしていたという。

その後、劉について、党はこんな評価をまとめた。

「劉日は確かにとてもいい党員だ。ただ、いい幹部かどうかは分からない」

不思議に思うだろうか。いや、中国ではまったく不思議なことではない。党内にあつれきを生むような手法を、共産党は好まない。国家主席の習近平が劉を抜擢しなかったのは、こんな評価が影響したのかもしれない。

結局、習が側近に選んだのは、劉とほぼ同時期に河北省で知り合った栗戦書だった。

しかし、別の指摘もある。

その後、役人から学者となった劉は数々の政策提言を発表した。死刑判決の慎重論や、一人っ子政策の早期廃止など。これらを読むと、その多くが習指導部の下で実施に移されたものであることに気付く。

つまり、劉は表に出ない習のブレーンではないか、との見方があるのだ。

劉は二〇一〇年、国務院参事室特約研究員という役職を突然与えられた。管理職の高官ではないが、中国政府中枢の専門職である。見方によれば、その意見が中国政府の政策に直接反映される可能性のある重要なポジションとも言える。

はたして習は今も、劉と連絡を取り続けているのだろうか。

これればかりは本人に聞いてみるしかない。そう思って劉に電話をしてみた。電話番号をどうやって調べたかは書かない。なんとか見つけることができた貴重な機会を大事に感じながら、電話口に出た劉とまずは当たりさわりのない会話を交わした。その後、日本の新聞社だと話すと、劉の口調は微妙に変わった。丁寧な調子はそのままだったが、取材について言及するとやんわりと断られた。

「そのうち北京に行くときに電話します」。そんな言い方だった。その後、連絡はないが——。

仕方がない。再び知人の党幹部に尋ねてみた。直接の答えははぐらかされたが、こう言われた。

「習主席には、外国人は決して知らない、多くの無名の教師がいる。それは確かだ」

三二年前の訪米人脈

屋外パーティーで、コップを手にはにかんだ笑顔を見せる若者の写真がある。三二年前、中国の国家主席、習近平が三一歳のときの姿だ。当時、河北省正定県の書記だった。

省代表団の一員として、一九八五年四月二八日から五月九日までの一二日間、農業研修目的で米国アイオワ州に滞在した。

中国メディアによると、代表団は習を含め計五人。習の初の訪米だった。

話を習の教師について聞いた知人の党幹部の話に戻す。

習には「外国人が知らない教師」がいると、その党幹部が私に言った。さらに党幹部は「例えば――」と言って、この訪米のときから、習に米国の状況を解説し続けている米国通の「陰のブレーン」がいると教えてくれた。

すでに引退した河北省の元幹部だが、習は今でも対米関係に迷うと、この人物に相談しているという。

知られていない陰のブレーンとは誰だろうか。

当時の訪米メンバーを調べると、後に米国専門家と呼ばれる人物がいることが分かった。在米国の中国大使館での勤務を経験しており、米中関係について多数の著書もある。現在の肩書は研究機関の学者である。

ただ、残念ながら、この人物だとは断定できなかった。取材を申し込んだが、断られてしまった。

いずれにしろ、この訪米は、習の外交観に大きな影響を与えたようだ。

二〇一二年二月、総書記就任をその年の秋に控えた習は、国家副主席の立場で二七年前に訪れたアイオワ州を再訪した。北京の外交筋によると、習の強い意向を受けた訪問だったと言う。

五年後、米国大統領に就任したトランプは、新たな駐中国大使にテリー・ブランスタッドを指名する。習の二度にわたるアイオワ訪問の際、同州知事を務めていた人物だ。

ところで、関連は不明だが、習の政策ブレーンで、二〇一七年四月の米中首脳会談で習の隣に座った党中央政策研究室主任の王滬寧も、一九八〇年代にアイオワ州に留学している。

「県」への思い入れ

習が思い入れを持つのは、このときの米国訪問だけではない。習にとって本当に重い意味を持つのは、その訪米も含めた県書記時代の経験だった。総書記になった習が、自らの側近である党中央弁公庁主任に抜擢したのが、同時期に近隣の無極県書記を務めた栗戦書だったのは決して偶然ではない。

「県書記」は、習近平体制の重要なキーワードの一つだ。中国の県は、省や市の下の行政単位で、日本の小さな市や町のイメージだ。ある北京の外交筋は、この県という単位が習の「政治の基礎」だと見る。

「我々は当時、何度も泣き、声を失った」

習は中学一年生の政治の授業で、県書記の英雄について学んだときの感動をこう振り返っている。

この授業が影響したかどうか分からないが、一九八〇年代、二〇代だった習は、共産党の指導者の道を進むという決断をした。それを行動で示したのが、北京の中央機関ではなく、河北省の農村に行き、県書記として行政の最前線に立つという選択だった。

当時、改革開放政策の導入で中国は急速に変化していた。多くの高官子弟や若い党幹部が、海外留学を経てビジネス界に入る「下海（シアハイ）」と呼ばれる道を選んだ。

しかし、習は違った。

副首相を務めた父親の習仲勲のアドバイスがあったとの説も聞くが、いずれにしろ最後に決めたのは習本人以外にはありえない。

習は中国のトップに上り詰めた後も、しばしば県書記時代を懐かしそうに振り返り「若かったから、いろいろ仕事をやろうと思った。一カ月で病気で倒れたよ。徹夜が続いたからさ。これはダメだと思って、それからは夜の一二時には仕事が残っていても寝るようにした」などと語っている。

二〇一五年一月には、現役の県書記二〇〇人を北京の人民大会堂に集め、座談会を開いた。習は「郡や県をうまく治めれば、天下は安泰」との中国の古い言葉を引用し、県書記たちを励ましている。「いろんな誘惑があるだろう。わなをかけられるようなこともあるだろう。もし、党への忠誠がなければ、できない仕事だ」。習は感情たっぷりに語った。

現在の党指導部、党政治局員二五人のうち、県書記の経歴を持つのは、習と栗、党中央政法委員会書記の孟建柱の三人。このうち孟は格上とされる上海市のなかにある県の書記だったので、純粋な意味での田舎の県書記経験者は習と栗の二人だけだ。つまり、習と栗はこれまでの指導部にはいなかったタイプの指導者なのである。

興味深いことに、習指導部の次期世代の指導者候補の経歴を見比べると、この県書記経験者の数がぐっと多くなっていることに気付く。しかも、そうした幹部の多くは、習の意向を受け、抜擢されている。

例えば、貴州省書記の陳敏爾、吉林省書記のバヤンチョル、遼寧省長の李希らである。いずれも二〇一七年秋に予定される党大会で発足する習の第二次政権の中核となると見られている幹部たちだ。

習は明らかに、自らと同じように県書記を務めた経験を持つ幹部を重視している。二〇一七年秋の党大会で習の第二次政権が発足する。最側近の栗が、現在七人いる最高指導部の政治局常務委員のメンバーの一人に昇格するとの見方は強い。

陳敏爾

看板政策の最前線に立つ腹心

貴州省西部に連なる標高二千メートル級の山々を縫うように車で進むと、石門郷という村に入った。急な斜面に段々畑がつくられている。土地は痩せ、水も乏しい。ジャガイモやトウモロコシなどをつくって細々と暮らす農民が大半だ。全国で貧困人口が最も多いという同省のなかでも、とりわけ貧しい土地柄だ。

国家主席の習近平の腹心とされる同省トップの書記、陳敏爾がこの村を訪れたのは、二〇一七年の春節（旧正月）が明けて間もない二月上旬のことだった。

陳が向かったのは、完成したばかりの五階建て鉄筋コンクリート造りの団地だった。貧相な農家が並ぶ村に突如出現したバルコニー付きの都市型住宅。奥地の貧しい農家の移住先として建てられたもので、政府の貧困撲滅の目玉政策の一つである。

髪を七三に分け、焦げ茶色のコートに紺のズボンという地味ないでたちの陳は、多くの随行者を連れて、両親と住む農民の李正友の部屋を訪ねた。

都会のマンションとあまり変わらないこぎれいな居間のソファに陳は腰を下ろし、李とその年老いた両親に笑顔で話しかけた。

陳「新しい生活には慣れましたか」

李「すっかり慣れました」

陳「良い生活が始まりましたね」

トウモロコシなどをつくって細々と暮らしていた李一家の現金収入はごくわずかだった。二〇一六年一一月、無償で提供されたこの部屋に移った李は、二万元（約三二万円）の一時金をもらって家具をそろえ、牛を飼う資金として一万四千元も受け取ったという。近くの果樹園で働き始めた李は「政府がみんな助けてくれる。良い政策だ」と笑い、陳の印象について「貧しい農民を気にかけ

貴州省石門郷の近代的な団地に移住してきた農民の李正友さん（2017年３月27日撮影）

てくれる親しみやすい人だった」と振り返った。

石門郷の高台に、ピンク色の真新しい校舎の「石門郷民族中学校」が建っていた。ここにも陳は足を運んだ。そのとき、陳と交流した幹部教員は「陳書記は実務的だった」と話した。

九七〇〇万元（約一億六千万円）をかけて建てられた新校舎は二〇一六年一二月に供用開始となった。授業料や教科書代、宿舎は無償で、生徒には一万円程度の生活補助金も支給されているという。陳が貧困撲滅対策で教育を重視している背景には、子どもが高等教育を受けられれば、よりよい就職先を見つけられ、その家族は貧困を脱することができる、という考えがあるという。この幹部教員は「陳書記は、子どもたちを北京や上海の高等教育機関に送り出したいと言っていた」と話した。

中国の高官が、この時期に現地視察をするのは珍しいことだ。

毎年三月上旬に北京で開かれる全国人民代表大会（全人代）を控え、二月は会議がとりわけ多い時期だ。普通の地方高官なら、新たな年間計画を立て、全人代で地元の政策をしっかりアピールするために会議に明け暮れる。

ところが、陳は二月の二週間は「会議をしない期間」と宣言した。「この時間を使って貧困の攻略に集中せよ」と指示を飛ばした。分かりやすく言えば、こんなメッセージである。

会議をやめて、現場に向かえ――。

陳自身も率先して石門郷に出向き、三日間で多くの集落をはしごして貧困家庭や診療所などを訪れ、実情を聞いて回った。他の省幹部も一斉に、各地の貧困地帯に散らばった。この間、省都、貴陽市の党指導部の執務室は多くが空になった。

この思い切った行動の裏には、習の全面的な支持があったと見られている。

貧困撲滅は、習体制の看板政策の一つだ。二〇一五年に全国で約七千万人と計上された貧困人口を二〇年までに根絶する方針だ。党高官が貧困地区に政府がつくった真新しい団地を訪れ、住民にやさしく声をかける。それを共産党の指導を受ける国内メディアが伝える。しかも、全人代前という絶妙のタイミング。貧困撲滅に汗をかく党幹部たちの姿こそ、習が最も国民にアピールしたかったテーマでもあった。

陳は、習が浙江省トップの書記だった二〇〇二―〇七年に、同省の宣伝部長として習を支えた。党の方針や指導者の業績を、大衆に効果的に伝える役職だ。陳はそのときの仕事ぶりで習の信頼を得たとされ、以後、目ざましい昇進を重ねてきた。三一人いる省レベルの書記で一九六〇年代生まれの若手指導者は、陳を含め四人しかいない。

二〇一七年秋の党大会に、習は貴州省の代表として出席した。これまで上海市や浙江省など勤務経験がある地の代表になったことはあるが、習は貴州に赴任したことはない。党関係者は「習が進める貧困撲滅の重点地域ということもあるが、側近の陳を重視している姿勢を暗に示していることは間違いない」と話し、習が陳に目をかけているとの見方が広がっているという。

習はなぜ、そこまで陳を重用するのか。陳の働きぶりを探ると、習が好む側近や腹心の人物像が浮かび上がった。

人気コラムの生みの親

習近平の腹心とされる陳敏爾の足跡をたどろうと、浙江省杭州を訪ねた。

世界遺産である西湖のほとりに広がる街並みはあか抜けていて、中国屈指の豊かさを誇る浙江の省都としての風情が漂う。時間がゆったりと流れているように感じる。

貴州省トップの書記を務める陳はこの街で習に長年仕えたことで、運命が変わった。

陳は杭州の隣にある、紹興酒で有名な紹興近くの町で生まれ育った。紹興師範専科学校で中国文学を学んだ。専科学校はいわば専門学校のようなイメージで、清華大学や北京大学など中央の著名大学卒の高官が多いなかで陳の経歴は異例だが、三三歳で紹興県書記に抜擢されるなど出世は早かった。

当時の陳を知る関係者は「控えめで目立つ存在ではなかったが、実務能力は極めて高かった」と振り返る。その後、二〇〇一年に四一歳の若さで省宣伝部長に昇進。習が二〇〇二年に浙江省に赴任し、二〇〇七年まで書記を務めた時期、陳は陰で習を支え続けた。

西湖近くにある浙江図書館の地下閲覧室で、地元の共産党機関紙「浙江日報」の二〇〇三年二月二五日付の紙面を見つけた。一面の左下に「之江新語」という名の小さなコラムが掲載されている。

「之江」は地域を代表する川、銭塘江の別名だ。筆者は「哲欣」とある。「哲」は「浙」と、「欣」は「新」と同音で、「浙江省を新たにする」といった意味が込められたペンネームと言われる。コラムの実際の筆者は習だった。

「民衆に深く入り込んで労働者や農民らと友人にならなければならない。随行者を減らし、公務接待を簡素化して実情に触れなければならない」

第一回のコラムでは、党幹部の心構えについて書いてある。コラムは三〇〇—五〇〇字程度と短

浙江省杭州の位置

「之江新語」の第１回が掲載された2003年２月25日付の「浙江日報」（杭州市の浙江図書館で）

く、中国人なら三〇秒もあれば読めてしまう。しかしそこには汚職や官僚主義を戒め、民衆に近づいて問題を解決することを求めるといった、現在の習の政治姿勢に通じる考えが随所にちりばめられている。

　初めこそ、読者は筆者が誰なのかは分からなかった。だが、省の最高指導者が筆者であることが次第に口づてで広まっていった。

　習が上海市書記に転出する直前の二〇〇七年三月二五日まで、二三二編が掲載された。失言を恐れ、独自の考えを発信することに消極的な地方指導者が多いなか、コラムを長期連載する習は異例の存在だった。

　コラムは後に単行本となり、今では党幹部の必読書とされている。全国で熱心に学習されていて、発行部数は一五〇万部に達したという。

杭州で取材に応じてくれた内情を知る関係者は「コラムを全面的に企画したのは陳だった」と証言した。そして、コラムの掲載を巡る陳の注意深い手法に、習は信頼を寄せたようだった。

習の心つかんだ手法

「あなたの「之江新語」を読むのが好きでした」

二〇一五年五月。国家主席の習近平が浙江省杭州の新開発区を視察した際、集まってきた住民らのなかから、一人の中年の女性が習に話しかけた。すると習は、懐かしそうに答えた。

「あれはね、日々感じたことを二つか三つ書き留め、新聞に載せたものなんですよ」

地元紙「銭江晩報」が報じた一幕だ。

内情を知る関係者によれば、習は自らの考えを党幹部や民衆に伝えることに関心があった。しかし、地方の指導者が政治理論や語録を書籍化するのはタブー視されていた。「毛沢東語録」や「鄧小平文選」を残した特別な国家指導者とは異なり、一介の地方指導者には恐れ多い振る舞いというわけだ。

浙江省宣伝部長時代の陳敏爾。2004年10月24日、浙江省杭州市の浙江展覧館で開かれた日中韓などの篆刻芸術家の展覧会を参観した（右）

陳はコラム掲載にあたり細心の注意を払った。新聞の小さなコラムなら理論書とは違う。ペンネームを使い、身近な出来事や故事を引き合いにした読み物にした。陳は宣伝部長になる直前、「浙江日報」を傘下に持つメディア企業の社長を務め、新聞の特性もよく知っていた。

省トップとして多忙な習には、長期のコラム連載をこなすのは大変だ。関係者によると、テーマ設定や監修などあらゆる面で陳が関わったという。

地元メディアの中堅幹部は陳の手法について「党のしきたりを守りつつ新機軸を打ち出す。大げさに宣伝せず、常に控えめ。習が評価したのはこういう姿勢だ。薄とはまったく違う」と話した。

薄とは党の最高指導部入りを狙い、犯罪組織一掃などの業績を大々的に宣伝するなどして党中央と対立し、最後は家族や側近のスキャンダルをきっかけに失脚した元重慶市トップの薄熙来（収賄罪などで無期懲役）のことだ。

重慶のメディア関係者によると、薄は地元テレビ局の二〇分の報道番組で、自分に関するニュースを一七分間も放送させるようなケースがよくあった。度を越した自己顕示欲は、視聴者の不快感も呼び起こしたという。

控えめに、しかし効果的に。薄の手法と対極にある陳の姿勢に、習は信頼感を覚えたのかもしれない。

慎重かつ大胆に

浙江省杭州市内の大ホールで二〇〇六年一二月一〇日、長征七〇周年を記念する式典が盛大に開かれた。その年に地元テレビ局が大々的に企画した長征の記念番組や長征に関係する史跡を保護する事業など、省を挙げた一連の宣伝活動が紹介された。

長征とは一九三〇年代、江西省に陣取っていた共産党軍が国民党軍の包囲を逃れ、多くの犠牲者を出しながら陝西省北部の革命根拠地までたどりついた約一万二千キロの苦難に満ちた行軍を言う。この時期に毛沢東の指導権が確立したとされ、中国人なら誰もが知る共産党の「歴史的偉業」だ。

数百人の観衆のなかでひときわ目を引いたのがホール前列の来賓席に座っていた七人だった。長征で活躍し、後に副首相を務めた賀竜元帥や羅瑞卿大将ら「建国の元勲」と言われる革命の英雄の子女だ。彼らのそばには、宣伝部長だった陳敏爾がぴったりと寄り添っていた。

式典では浙江省の企業の出資により、貴州省や四川省など長征ルートにある共産党軍の史跡を保護する活動も紹介された。賀竜の娘で「賀竜体育基金会」主席の賀暁明は「浙江人は人の先に立つ勇敢さがある。この活動も一つの新機軸だ」と絶賛した。

浙江省は地理的に長征との関わりは薄いが、陳は長征七〇周年をこの年の最重要イベントと位置付け、メディアを総動員して大々的な宣伝活動を展開した。そして、その年の締めくくりとなる記念式典に、元勲の子女を招くお膳立てをしたのだ。

しかし、内部では反対意見も多かった。最高指導部の人事がある五年に一度の党大会を翌年に控え、北京でも一目置かれる元勲の家族を一地方の式典に招くのは目立ちすぎる。同省書記だった習にとって政治的にマイナスになりかねないと懸念したのだ。

だが、いつもは慎重に事を運ぶ陳が、このときは決定を変えなかった。

周囲の心配をよそに、賓客を迎えた習は上機嫌で、数日間にわたって賓客たちを大いにもてなした。革命世代の高級幹部を父祖に持つ「紅二代」の厚い支持を受けていることを多くの人に印象づけた。

内情を知る党関係者は言う。「あのとき、習が国家指導者の有力候補だとはっきり分かった。陳は習が何を必要としているかを熟知していた」

習は翌〇七年春に上海市書記に任命され、その数カ月後の党大会で最高指導部メンバーである政治局常務委員に一気に上り詰め、次の国家指導者の地位を手にした。

陳は後に貴州省書記に抜擢され、習の腹心の一人と言われるようになった。慎重でありながら、習の意を汲み取って大胆に打って出ることもできる。習の好む人物像が垣間見えた。

自信ともろさ

二〇一七年三月六日、北京中心部にある白壁の政府系高級ホテル「国誼賓館」の大会議室に、国内外の記者やカメラマンら約二〇〇人が集まった。全国人民代表大会（全人代）の貴州省代表団が、公開会議を開いたのだ。

中国南部の山岳地帯に位置する貴州省は最も貧しい省の一つで、本来ならあまり注目されることはない。それでも他の省をしのぐ大勢の記者がやってきたのは、習の腹心とされ、二〇一五年に同省トップの書記に引き上げられた陳敏爾の肉声を聞くためだった。

宣伝部門の経歴が長い陳ならではの配慮だろうか。受付には、報道陣向けの資料が整然と並べられていた。省の経済状況をまとめた冊子、観光地を動画で紹介するＵＳＢメモリー、貴州を特集した三冊の雑誌――。Ａ４判数枚分の資料で済ませる他省の代表団もあるなかで、貴州省の報道対応の周到ぶりは際立っていた。

他の省の公開会議では、ナンバー２の省長らが進行役を務めることが多いが、陳は自ら会議を仕切った。

「思想上でも、行動上でも、習近平同志を核心とする党中央と高度の一致を保つ」

陳は冒頭、ためらわずに習への忠誠心を示した。

最も力説したのは貧困撲滅への決意だった。全人代の直前、会議をやめて山間部の貧困地を自ら訪ね歩いた陳は「貴州省は全国の貧困撲滅の主戦場だ」と語気を強めた。貧しい農民の移住政策など、原稿に目を落とすことなく、滑らかに話した。

貧困撲滅は習にとって、最も重要な政策の一つである。貧しさの象徴のような省を習から任された自負心もあるに違いない。

公開会議では、出席した代表の一人で少数民族ミャオ族の歌手、雷艶も発言した。雷はミャオ族の伝統的な祭りの画像が映ったタブレット端末を報道陣に見せながら、少数民族の伝統文化の保護の重要性について訴えた。美しい民族衣装をまとった雷に報道陣のレンズは釘付けになった。地元の政策の説明など面白みのない発言が延々と続く他の省の会議とは、かなり雰囲気が違う。貴州省を効果的に宣伝できた自信からか、陳は満足そうに微笑んでいた。

ただ、陳は最後に一瞬、もろさも見せた。質問が打ち切られた後も食い下がる記者に、陳は「じゃあ、最後ね」と了承した。だが、自分の人事に絡みそうな質問が投げかけられたとたん、陳はやや緊張した表情に変わり、「また交流しよう」と遮(さえぎ)った。

質問しようとしたのは、香港の記者だった。中国の高官は、当局の統制が及ばないメディアへの警戒心が強い。最高指導部の人事が動く党大会を前に、ささいな失言でも足をすくわれかねない。足早に会場を立ち去る陳の背中を見て、慎重に徹しなければ生き残れない中国政界の厳しさもまた、感じられた。

蔡奇

「首都の顔」射止めた目ざとさ

それは明らかに「側近」のお披露目を意識したもののように見えた。

二〇一七年三月の全国人民代表大会で北京市が開いた記者会見に、トップの書記の姿はなかった。代わりに会場の真ん中に座ったのはナンバー2の市長、蔡奇だった。

「中華民族の偉大な復興に向かう大国の首都をつくらなければならない」

一時間半にわたる会見で、首都建設の方針を記者に聞かれた蔡の回答はまるで、国家主席の習近平の演説そのものだった。中国共産党の建党百年（二〇二一年）と中国の建国百年（二〇四九年）を表す「二つの百年」「中国の夢」――。習が演説で繰り返してきた言葉を随所にちりばめた。参加した記者がつぶやいた。「これじゃ、コピーロボットだな」

二〇一六年一〇月末、蔡が代理市長に任命されたとき、北京には驚きが広がった。「首都の顔」である北京市長には通常、別の省などでトップの書記を経験した者が就くからだ。蔡は浙江省で副省長の経験があるだけだ。大抜擢には、福建、浙江両省時代に仕えた習の意向が強く働いたと言われる。当然、党内には不満の声が渦巻いた。

蔡は会見に先立つ会議のときからずっと、他の幹部がスーツの前ボタンを外してリラックスするなか、最後までボタンを留めたままで姿勢を崩さなかった。老眼鏡をかけたり外したりしながら、熱心に資料に目を通す。各代表の発言を聞きながらメモを取る。まじめすぎるほどまじめな姿は、党内の反発やメディアを意識したポーズなのか、元々なのか。

2017年３月６日、北京市長の蔡奇は笑顔で記者会見に臨んだ

会見終了後、蔡は立ち上がり、記者に笑顔で語りかけた。

「みなさんの注目と支持に感謝します」

一方、蔡はネットに親しんでいる中国内の若者の間では知られた幹部だった。

「あの蔡叔（蔡おじさん）か」。

蔡は、お堅いイメージの強い共産党幹部としては珍しく、ネットを巧みに使いこなした経歴を持つ。

浙江省の組織部長だった蔡は二〇一〇年、当時、急速に流行し始めていた中国版ツイッター「微博（ウェイボー）」で発信を始めた。若者が使うネット用語を使いながら、一日平均一〇本以上、発信した。市民のつぶやきに丁寧に返事を返し、人気を集めた。

「幹部が全力で救助にあたっている」「病院には一〇五人が収容された」――。二〇一一年、浙江省温州で高速列車が追突・脱線した事故でも、蔡は救助の状況を克明につぶやき続けた。

率直に言って、たいした内容ではない。先進国なら、当局が当然のように公表するデータである。ただ中国当局は事故の翌日、現場に穴を掘って車両を埋めるといった行動に出て、事故情報の隠蔽も疑われ、市民の批判を買っていた。

「これだけの大きな事故で政府がきちんと情報を出すのは珍しい」

ネット市民の間ではそう称賛され、フォロワーは一時、一千万人を超えた。蔡は中国で最も有名なSNSを使う党幹部となった。そのときの呼び名が「蔡おじさん」だった。

習は、浙江省時代に宣伝部長として仕えた陳敏爾と同様に、蔡を引き上げた。慎重でありつつも、大胆な行動が取れる人物が、習の好みであることはすでに書いた。

蔡は微博を始めた理由について、中国メディアにこう語ったことがある。

「ネット上の多くの声は善意のものだ。たとえののしられても、為政者は胸襟を開いて草の根の声を聞かなければならない」

実際には共産党はネット規制を強め、批判の声を押さえつけている。きれいごとと言えば、それまでだ。だが、蔡には、多くの高官が尻込みするなか、ネット空間で民衆の心をつかむ目ざとさがあったのかもしれない。

福建で運命の出会い

習近平の腹心として、北京市長という要職に大抜擢された蔡奇とは、どんな人物なのか。その生い立ちを知ろうと、蔡が若いときを過ごした街を訪ねた。

福建省の省都、福州の南国らしい街路樹が続く大学街のアパートで、老教授が私を出迎えてくれた。

「物覚えは良いし、礼儀正しくて、話も分かりやすい。いい加減なところがないから、誰からも評判が良かったねえ」

蔡の恩師で八九歳の福建師範大学の元学長、陳征はベタ褒めだった。今も学内に住む陳を訪ねると、耳はだいぶ遠くなっていたが、蔡のことはよく覚えていた。経歴によれば、

蔡奇の恩師の陳征教授（2017年3月23日、福建省福州で）

一九七八年に同大を卒業。大学内の共産党委員会の党職員として働き始めている。

蔡が三〇歳になる前だ。省の党委員会から「秘書を一人出してほしい」との要請が大学側にあった。優秀と言われていた蔡は有力候補だったが、学内の意見は割れた。学内に残したいとの意見も強かった。

「最終的に私が行かせたんだよ。我々の仕事は国家のために人を育てることだ。それなら送り出してやろうとね」

蔡にとっては人生の転機だったに違いない。共産党内で、秘書は出世の登竜門だ。幹部の所作を最も近くで見られる。秘書経験を持つ高官は少なくない。

蔡は今でも春節（旧正月）前後、里帰りのついでに陳を訪ねてくるという。「こんな義理堅い教え子もそうはいないな」。老教授はうれしそうに言った。

蔡はゆっくりだが、着実に党幹部の道を進んだ。

ただ、そのままだったら、「礼儀正しい」とか、「義理堅い」といった評価を受けながら、そこそこの地方幹部として党員人生を終えていたのだろう。

蔡は強い運を持っていたようだ。

蔡が省党委員会に移って二年後の一九八五年。習が福建省のアモイ市副市長として転任してきたのだ。

それから十数年にわたり、二人は同じ時期に同じ省でキャリアを重ねた。習の党幹部としての美学と、蔡の振るまいには何か共通点があったようだ。

一九九七年、習が福建省の副書記だったとき、蔡は山間にある三明市の市長になった。このとき、蔡は少し思い切った施策を打ち出した。

壁を取り払え

中国福建省の内陸部にある三明市は、面積の約八割が森林というまちだ。蔡は一九九〇年代、ここで地方指導者として歩み始めた。

六階建ての市政府の建物は、当時、高さ約二メートルの灰色の壁に取り囲まれていた。中国の党や政府の建物ならごく普通だが、市民を遠ざける威圧感があった。

近くに住む六〇代の男性は、まだ閉鎖的な当時のことをよく覚えている。「あのころは警備が厳しかった。夕方に門が閉まったら、市民はなかに入れなかったよ」

あるとき、市長になった蔡は「緑地を市民に返す」と言い始めた。市が緑化推進都市を目指していたこともあるが、市民との壁を低くしようと思ったのだろう。「壁は風よけになる」と反対論もあったが、蔡は実現にこだわった。

壁は取り壊され、敷地内の緑地が市民に開放された。現在の市政府を訪れると、噴水が水を上げ、親子連れが遊んでいた。

周囲の壁が取り払われた後に緑地が整備され、開放的な雰囲気になった福建省三明市の市政府庁舎（2017年３月27日撮影）

ほかの国では当たり前の風景だ。それでも、中国では変化を恐れ、格式にこだわる地方の党幹部は少なくない。

習は二〇一六年一月、地方の党幹部に向けた会議でこんな発言をしている。

「(批判を恐れて何もしない)不作為という問題がある。思い切ってやろうという気風を持つ幹部を守らなければならない」

蔡について、他の幹部との違いを示すエピソードを、退職した地元紙の記者がもう一つ教えてくれた。蔡は三明市で初めて、ノートパソコンを使った幹部だったという。当時、中国の地方政府にもようやくパソコンが導入されるようになった。大半の幹部は使い方が分からず、デスクトップパソコンが机の肥やしになっていただけだった。だが、蔡は視察に持ち歩き、使いこなしていた。その後、ネットで有名人になる片鱗はすでに見えていたのかもしれない。

福建省で地方の指導者として歩み始めた蔡は一九九九年、隣の浙江省に異動する。その三年後、福建省の副書記だった習も浙江省の代理省長になったのは、おそらく偶然だったのだろう。だが、そこで蔡は指導者としての評価を高めていく。

二〇〇四年四月、蔡は温州と並び「民営経済の発祥地」と言われ、企業活動が盛んな台州市トップの書記に就いた。

「企業家のみなさんは市場の最前線にいる。政府の人間はもっと勉強しなければならない。みなさんに「洗脳」してほしい。困ったことがあったら、いつでも私に連絡してください」

地元で活躍する企業家を集めた会議で蔡はそう語りかけ、自分の携帯電話の番号まで伝えた。

「社交辞令でそういうトップは多いけど、本当に自分の携帯番号まで教えてくれたのは彼ぐらいだね」

当時、起業したばかりの自動車会社、新吉奥グループ会長の繆雪中はそう振り返った。蔡の執務室を訪ね、何度も一対一で話を聞いてもらったという。「発展途上の企業は多くの困難に直面する。彼はすぐに関係部門に連絡を取ってくれた。他の指導者の取材なら受けないけど、彼のことなら喜んで受けるよ」と繆は笑顔で語った。

福建省の大学で「社会主義市場経済」を学んだ蔡にとって、台州市の経済発展はやりがいのある仕事だったに違いない。それは間違いなく中央へのアピール材料にもなっただろう。蔡は海外で成功した台州出身の企業に協力を呼びかけた。蔡が書記を務めた二〇〇四—〇六年、台州市は年一三—一四パーセントの経済成長を続けた。

もう一つ、習の哲学に合う蔡の振る舞いがあった。

ある日、繆は地元の地鶏の卵を手土産に持って行った。ほんの気持ちのつもりだったが、蔡は頑として受け取らなかった。高価な物ならともかく、卵一つも受け取らないのは中国では考えられない。

清廉なのか、隙を見せないタイプなのか。いずれにしろ、浙江省の書記時代から、腐敗に厳しかった習の意向に沿っていたのは明らかだった。

取材余話　謎残る家族の背景

福建省の小さな市の市長から首都・北京の市長にまで上り詰めた蔡。いち早くパソコンを使いこなし、批判を恐れずＳＮＳで発信する大胆さ。上司の目標をつかみ、実行する力。そして腐敗との縁遠さ。それが福建、浙江両省で上司として見てきた習の目にとまったのかもしれない。

だが、両者の共通点を探していると、どうしても気になる出自があった。中国メディアは蔡の経歴のなかでこう伝える。

「父は一九二八年に入党し、地下工作で革命に成功後、福建にとどまった」

習も、革命世代の指導者を父に持つ「紅二代」。こうした共通点がさらに二人の結びつきを強めたのではないか。それを確かめたくて、一族の出自とされる福建省尤渓県を訪ねた。

車で山道を登ること三〇分。清朝以前の古い建築を残す蔡一族のふるさと桂峰村は観光地になっていた。中心には祖先をまつる祖廟がある。なかに入ると、明や清の時代に科挙で好成績を収めた先祖の名前や家訓が掲げられ、最近出世した人の名簿もあった。もちろん蔡奇の名前もある。浙江省の杭州市長になったところまで紹介されていた。

村の長老を訪ねると、「一族の誇りだね。一番出世したのは彼だろう」とうれしそうに話してくれた。ただ、父の代から近くの県に引っ越しており、蔡奇はここで生まれ育ったわけではないという。「二、三度来たかな。一度は家族も連れて。忙しいんだろうね。すぐに電話で呼ばれて帰ったこともあったな」

だが、父親は革命に参加していたのか尋ねると、長老は「そんなはずはない」と一笑に付した。一族の家系図や全員の紹介をまとめた「蔡氏族譜」を取り出し、丁寧に説明してくれた。それによれば、蔡の父は一九二七年生まれ。蔡が生まれる四年前の五一年に近くの永安県のラジオ局技師となり、八五年に省都・福州で学校に勤務。八九年に退職したと書かれている。

「だから、二八年に入党なんてありえないよ」

頭が混乱した。中国メディアが伝える経歴が正しければ、蔡の父親は一歳で入党し、地下工作に携わったことになるが、そんなことはありえないだろう。だが、経歴は蔡が卒業した福建師範大学の公式ページにも載っている。外国の記者が調べて簡単に分かるような間違いやうそを書くだろうか。指導者としての箔をつけるためだったのか、それとも何か隠された理由があるのか。謎は残った。

応勇・李強

上海を託されたたたき上げ―応勇

習近平にとって、上海は特別な場所である。二〇〇七年のわずか七カ月だが、習は上海市トップの書記を務めた経験がある。書記に就任した後、習がまず向かったのは共産党誕生の地として知られる第一回党大会の会場跡だった。

一九二一年に上海市内のフランス租界にある隠れ家で開かれたという党大会には、毛沢東ら一三人が出席したとされる。現在は博物館となっているその建物で資料をゆっくり見て回った習は、「共産党が上海で生まれたという事実は上海の誇りであり、ここで働けることを光栄に思う。責任の重大さもよく分かった」と感慨深げに語った。

一方で上海は、中国政治の文脈でもう一つ別の顔も持ち合わせる。一九九〇年代の中国を率いた元国家主席の江沢民は、ここ上海を拠点に権力基盤を築いた。中国最大の経済都市に集まる財力と人材は、江が長年培ったネットワークにおいてフル回転で活用され、いつしか党中央においても「上海閥」は一大勢力になった。江の人脈は、江が二〇〇四年に党中央軍事委員会主席を退き表舞台から完全に去った後も、江が院政を敷くのに大いに生かされた。国家主席を引き継いだ胡錦濤がその後の政権運営において、上海閥の介入に苦しんでいたのは周知の事実だ。

話を習に戻そう。毎年三月に人民大会堂で開かれる全国人民代表大会（全人代）。開幕日の午前中に首相による政府活動報告が行われた後、午後からは各地の代表団がそれぞれの部屋に分かれ、分科会が始まる。習は決まって、二階の「上海庁」へ足を運ぶ。政治局常務委員は地方政治に直接口を出すことはないが、全人代は各地・各組織の代表として参加するため、最高指導部もいずれかの代表団に名を連ねる。習は国家主席となった後も、上海代表団の一員として全人代に出続けていた。

「全国の改革の先頭に立ち、科学発展の先駆者となれ」。二〇一七年の会合でも決まり文句で鼓舞した習だが、例年よりも上機嫌だったという。その理由について、市の関係者は習の右隣に座っていたナンバー2の市長、応勇の存在を挙げた。

応は、習が浙江省トップの書記時代に同省の高級人民法院長を務め、信頼を得た。その後、上海へ移った習が中央入りを果たすと、後を託されるように上海へ動いた。元々警察・司法畑のたたき上げであり、上海でもこの分野でキャリアを積んだ。応が二〇一七年一月に上海市長へ昇格した背景には、習の意向が強く働いたと言われている。

2017年1月、上海市長に就任した応勇

習は、なぜ応を抜擢したのか。市関係者が「いかにも習主席好み」という応の逸話を教えてくれた。

まだ応が浙江省の小さな町の派出所長だった三

五年前の話だ。管轄内で地元共産党幹部の息子が包丁を持って暴れた。上司が見逃すよう求めると応はこれを断固拒否し、通常の刑事事件と同様に処理した。

こんな話もある。応の管内で、大規模な違法賭博場が発覚した。事件に関わる人物を調べると、応の親戚や同級生が含まれていたという。捜査をためらう部下に、応は「法に従って対処せよ」と摘発を指示。関係者は逮捕され、懲役刑が科せられた。

身内にも手心を加えぬ応の厳格さに期待して、習は上海へ送り込んだのだろう。応に期待したのは、経済都市である上海にはびこっていた腐敗の一掃であり、その標的は江に連なる「上海閥」だったに違いない。

二〇一五年、上海で腐敗の取り締まりに関する「幹部と家族に関する規定」が施行された。規定の狙いは、例えば土木当局幹部の配偶者や子が建設会社を営むことを禁じるなど、幹部と家族の癒着を防ぐものだった。この制度づくりを主導したのが応だ。

その年の全人代。まだ市の副書記だった応が、習を目の前にこの取り組みを報告した。

「家族の誰かが当局幹部になると、他の者がビジネスを始めるという事例が絶えない。例えば治安部門の家族は娯楽施設を開き、ニュース部門の家族は広告会社を始める。残念ながら、こうした社会現象がある」

習は「自動車学校の周りで駐車場ビジネスをする者もいるな」と合いの手を入れ、続けた。

「これらは幹部が大衆から非難を受ける最大の問題であり、腐敗を招く最大の原因でもある。我々は世間に先んじて憂え、世間より後に楽しむことを忘れてはならない」

党員の腐敗を取り締まる中央規律検査委員会によると、二〇一七年三月までにこの制度で幹部二二九人が調査対象になり、七割が規定に触れると判断された。

上海での反腐敗の取り組みは、応が力を増すにつれ、さらに強まっている。

経済を掌握せよ

習近平は、上海の反腐敗を進める一方で、応勇に新たな使命を課すようになった。それは、上海の経済を掌握することだった。応が経済政策を担うことは、元国家主席の江沢民ら「上海閥」の資金源を断つことにもつながる。

「阿里巴巴（アリババ）はかつて上海にいたこともあったのに、杭州に移ってしまった。なぜ止められなかったのだろう。上海は、なぜ馬雲（ジャック・マー）を引き留められなかったのか、よくよく研究する必要がある」

二〇一四年九月、上海の副書記に就任したばかりの応は、市党校の始業式で幹部候補生を前に、突然「このままでは上海は時代に取り残される」という危惧を語り始めた。

今や世界レベルの企業となったネット通販最大手のアリババ・グループは、元々杭州で生まれたが、一九九〇年代後半の一時期、上海に本部を構えたことがあった。しかし、メリットを感じなかったようで、二〇〇〇年には再び杭州に戻ってしまった。

結果、アリババ、騰訊（テンセント）、百度（バイドゥ）という、中国のインターネット業界を牽引する三社が、いずれも上海とは無関係の会社となった。応が憂えたのはそのことだが、婉曲的に示唆したのはアリババに逃げられた時期である。当時の上海において、習一派の勢力はもちろん影も形もなく、中央で権力の絶頂期を迎えていた江の勢力が栄華を極めていた。応の発言は、江に連なる上海閥への当てつけと受け止められた。

副書記に昇格したこの時期から、応は得意としてきた警察・司法分野のみならず経済政策にも積極的に絡むようになった。その狙いが守旧派と位置付けた江一派の掃討であることは、時間の経過とともに明らかになってきた。ただ、一度完成したネットワークを破壊することには、当然、強い抵抗が働く。習は、応が改革を進めやすいよう、経済政策における新たな仕掛けを上海に用意した。

政府は二〇一三年、投資や貿易の規制緩和を推し進めるため、上海に「自由貿易試験区」をつくった。「世界に開かれた中国」をうたい、鳴り物入りで始まった。しかし、スタートから一、二年が過ぎても成果は乏しく、進出企業からも「利便性は高まっていない」と不満が相次いだ。

背景には新旧勢力のせめぎ合いがあった。自由貿易試験区の開始当時を知る市関係者はこう語る。「規制とは、裏から見れば利権だ。それを手放したくないという人は必ずいる」

上海閥が抵抗し、改革が進まないと判断したのか、習指導部はさらに動いた。二〇一五年一一月、自由貿易試験区トップだった副市長、艾宝俊を収賄の疑いで解任。一年も経たない二〇一六年九月に応は副市長に昇格し、二〇一七年一月、ついに市長にまで上り詰めた。各都市の市長は書記に次ぐナンバー2のポジションだが行政の統括者であり、とりわけ経済政策の比重が大きい。つまり、応は自由貿易試験区の再改革を託されたのだ。

応はかつて、浙江省の書記だった習に、省高級人民法院長として仕えた。警察・司法畑の応が中国最大都市の経済政策を担うことを不安視する向きは、権力闘争の外にいる人たちからもあった。習の勢力は、素早くフォローに動いた。中核となったのは、浙江省で習の部下だった「之江新軍」と呼ばれる元側近たちだ。

応が副市長になった直後、上海と地方都市が経済協力を進めるための会議が開かれた。応と同じく浙江省時代からの習の側近である貴州省書記の陳敏爾や江蘇省書記の李強が上海に駆けつけ、之江新軍の絆の強さが示された。

応が市長に就任する直前の二〇一六年の大みそか、習は上海自由貿易試験区に関する異例の「重要指示」を出した。それはまるで、これから市長となり政策を引っ張る応へのエールだった。

「引き続き改革を全面的に深化させ、開放を拡大する役割を一段と発揮することを望んで

習近平の経歴と側近の関係

いる。大胆に試し、大胆に突き進み、自らを改め成果を得よ」

李強、影のように離れず

「形影不離（けいえいふり）」とは人と影のように離れない、切っても切れない密接な関係を指す四字熟語だ。

習近平の側近たちの多くは、まさにこの言葉通り、習に影のように付き添った経験を持つ。

2017年３月、全人代の江蘇省分科会に出席した李強。約２時間半の会議の間、部下の発言をメモし続けた

江蘇省書記の李強もその一人だ。

二〇〇四年一〇月に浙江省の秘書長になると約二年半、同省トップの書記だった習と行動を共にした。当時の習が省内の研究機関や工場を視察に訪れたときの写真がいくつか残っているが、必ずと言っていいほど習の後ろには李の姿がある。

当時を知る関係者が言う。「習が目線を動

かすだけで、何を求めているのか李には分かる。それほど近い間柄だった」

習が国家主席になってから三年後の一六年六月、順調に江蘇省のトップ、書記に昇進した李は、着任三週間で公務接待での飲酒を一切禁止にして話題になった。

さらに、部下に対して次のような通達を出した。

「上司の発言を「重要講話」と呼ばなくていい。重要なのは実行だ」

「幹部はできる限り原稿を読まず発言せよ。読み上げるメッセージは相手には届きにくい」

李のきまじめさは、二〇一七年三月に北京の人民大会堂で開かれた全人代でも健在だった。江蘇省分科会の対メディア開放日に出席した関係者は約一五〇人。地方政府や経済界を代表する一〇人ほどが発言したが、彼らにとっては一世一代の晴れ舞台でもあった。

二時間半続いた会議中、李はすべての発言を漏らさず聞き、黒と赤の鉛筆を使い分けながらメモを取り続けた。鉛筆を持ち替えること二三回。最後に発言した教育部門の女性が緊張のあまり何度も言葉に詰まると「いいですよ。じっくり時間をかけて、言いたいことを伝えてください」と助け舟を出した。

かつての一般的なリーダー像と言えば、細かいことには口出しせず、「お前たちが自分でやれ」と君臨するイメージが強かった。李の管理は実に細かく、それとは対極の存在と言える。

江蘇省関係者は苦笑しつつ言う。「常識が覆される思いだが、これが習主席の求める仕事なのだろう。厳しいものではあるが、仕方がない」

習の求める仕事とは何だろうか。李に限らず、側近たちに共通するのは、前例にとらわれず、習の期待にひたすら応えようと動くことだ。

前国家主席の胡錦濤は出身母体のエリート養成機関、共産主義青年団を支持基盤とした。しかし、習にはそのような後ろ盾はない。現在、習の側近とされる者の多くはかつての勤務地である河北、福建、浙江の各省で知り合った当時の部下たちだ。

元国家主席の江沢民も自らが市長や書記を務めた上海に権力基盤を求め、「上海閥」を築いた。その勢力の追い出しに懸命な習の手法もまた、江と似ているのかもしれない。

一方で、どうすれば共産党政権に対する国民の支持をつなぎとめることができるのか。側近たちは、習からこの厳しい使命を背負わされている。

二〇一七年五月
習近平の側近たちが中央や地方で躍進するなかで、「ポスト習」の座をうかがうはずの「第六世代」指導者たちが勢いを失っている。代表格とされる二人を追った。

「第六世代」の足踏み――胡春華と孫政才

忠誠誓う「共青団のエース」――胡春華

貴賓席の二人の主役に、出席者の注目が集まった。

サッカー場約二〇〇個分の広大な更地が広がる広東省広州の工業団地。二〇一七年三月一日、シャープの親会社、鴻海精密工業（本社・台湾）グループによる液晶パネル工場の起工式があった。

二人とは、同省書記の胡春華と、鴻海を世界最大級の電子機器の製造請負業に育てた会長の郭台銘。「控えめで腰が低い」（日本の経済関係者）と言われる胡だが、この日は積極的だった。

自ら身を乗り出し、郭の手を力強く握った。二人の握手は約一時間で四回にも及び、緊密ぶりをアピールして見せた。

この案件は総事業費六一〇億元（約一兆円）に上る。「広州の改革開放後、単独では最大級の先進製造業の進出」（地元紙）と称される超大型プロジェクトだ。

省のトップ自らが一企業の起工式に出向くのは、そうあることではない。しかもそのタイミングは、全国人民代表大会（全人代）の直前。中国への投資に詳しい経済関係者は「胡にとって全人代を前に格好の（政治的な）得点となっただろう」と話す。

郭によると、工場建設の経緯はこうだ。二〇一六年一一月、広東省幹部や経済人らが出席したイベン

2017年３月１日、広州の液晶パネル工場の起工式で握手する広東省書記の胡春華（左）と鴻海精密工業会長の郭台銘

トが同省で開かれた。郭は広州市書記の任学鋒に挑発された。

「あなたが世界一の経営者でなければ、工場を建設して頂かなくても結構です」

郭は「広州の気迫に驚かされた」と応じて、広州への大型投資を即決したと明かした。

もちろん、鴻海進出がそのやりとりだけで決まったわけではない。

胡がまだ一地方幹部にすぎなかった一〇年以上前から繰り返し会ってパイプを築いてきた郭との人間関係があることも見逃せない。

印象的な場面が起工式の最後にあった。胡が帰りのマイクロバスに乗り込むと、郭は四秒近くも頭を深々と下げて、見送った。強烈な自信家で知られる郭を胡は最敬礼させたのだった。

白髪が目立つ胡は、髪の毛を真っ黒に染め、若く見せる指導者が多い中国では地味に見られることの多いリーダーだ。しかし、名門・北京大を卒業した秀才は、早くから才能を見出されてきた。共産党のエリートを養成する中国共産主義青年団（共青団）の先輩である前国家主席の胡錦濤に重用され、「ポスト習」の有力候補の一人と言われてきた。

習が国家主席になってから、習が次々と自らの側近を抜擢したことで、胡春華の存在感は以前に比べ薄れ気味になっていた。ところが、再び、こうした状況を変化させたと言われるきっかけが、二〇一七年一月にあった。春節を前に買い物客でにぎわう広州市中心部の繁華街に、胡錦濤と胡春華が一緒に視察に現れたのだ。

香港メディアなどでは、胡錦濤が同じ共青団人脈の胡春華を政治的に守ろうとする「てこ入れ」（北京の外交筋）のパフォーマンスだとの見方が広がった。

習は二〇一七年四月に行った「重要指示」のなかで、胡春華の名前には言及しなかったものの、「広東省の仕事ぶりを高く評価する」と発言。習が胡錦濤の意を汲んで、胡春華に前向きなメッセージを送った、と受け止められた。

そして、直後の五月に開幕した広東省の党代表大会。党大会を秋に控え、「安全運転に終始している」（外交筋）と見られてきた胡春華が一気に前のめりになった。

「習総書記の期待に決して背くことがないように仕事をしよう」

胡春華の演説には力が入っていた。習の四月の重要指示をあえて引用し、習のお墨付きを得ていることをアピール。習が別格の存在であることを表す「核心」という言葉も連発し、忠誠ぶりを強調した。約二時間の演説で、その数は少なくとも二〇回に達した。

巡視組の露骨なダメ出し―孫政才

五年に一度の大舞台だというのに、今一つ表情が晴れないように見えた。

五月二〇日、党最高指導部が入れ替わる秋の共産党大会を前にした重慶市党委員会の代表大会。トップの書記である孫政才は「核心たる習近平総書記の指導のもと、我々は素晴らしい成績を収めてきた」と成果を誇った。

重慶市の二〇一六年の域内総生産（GDP）成長率は前年比一〇・七パーセント増で、全国の省や直轄市のなかで首位。二〇〇二年以降、二桁成長が続く好調ぶりだ。地方の経済成長速度はしばしば行政手腕の評価にも直結する。孫の成績は、周囲がうらやむような申し分のないものだと言える。にもかかわらず、過去五年の成果を報告する孫の目は険しかった。

党トップ二五の政治局員のうち、孫は最年少だ。山東省の農家に生まれ、トウモロコシ栽培の技術研究者としてキャリアを積んだ後、政界に転身した。北京の区レベルの幹部だった孫に目をかけ、中央へ引き抜いたのは前首相の温家宝だったとされる。二〇〇六年に四三歳の若さで農相に就いた孫は、二〇〇九年に吉林省の書記に就任。二〇一二年には四大直轄市の一つである重慶市トップの座を射止め、「ポスト習」の有力候補と見られてきた。

だが、その注目度が年を追うごとに薄れている。

孫を重慶に送り込んだ背景には、習近平の意向も働いたとされる。重慶で大衆扇動的な政治運動を展開した薄熙来の影響を一掃することを期待されたとも言われる。薄は重慶で市民からの人気と実績を下支えに党最高指導部入りを狙っていたが、家族や部下らのスキャンダルによって失脚した。

孫の性格について、元同僚らは「一本正経（くそまじめ）」と口をそろえる。そんな孫だからこそ、重慶で容赦のない改革もできるだろうと習は踏んだようだ。だが、二〇一七年五月の時点での孫は、及第点を得られるレベルにはまったく達していない。

二月一一日、腐敗を取り締まる党中央規律検査委員会の特捜チーム「中央巡視組」が重慶に入った。巡視組の評価は厳しかった。

「習総書記が求める（反腐敗の）精神とは大きな差がある。「薄・王思想」の除去が徹底できていない。リーダーの権限が弱体化しているのではないか」

「薄・王」とは薄熙来の右腕として働きながら、最後に薄と対立して成都の米総領事館へと駆け込んだ元副市長の王立軍だ。王は公安局長として薄に招かれ、「打黒」と

2017年３月６日、全人代の重慶市分科会で部下の発言に耳を傾ける孫政才（右。北京の人民大会堂で）

いうマフィア一掃運動を展開した。「打黒」は次第に法の秩序を無視して薄に批判的な幹部を追い落とす道具のようになった。薄の妻である谷開来が英国人実業家ニール・ヘイウッドを毒殺した事件の処理を巡って薄と王は決裂するが、薄は王を使って強大な権力を築き、重慶は党中央の権威すらかすむ「独立王国」とまで呼ばれた。

その負の遺産を浄化する仕事が物足りないと、孫は露骨にダメを出されてしまった。孫は五月二〇日の代表大会で「薄思想の毒を断固として取り除く」と強調するなど巻き返しに必死だ。

孫が農業研究の道に入ったのは、自らの幼少時代の貧しい体験を通じて「農村を豊かにしたい」と思い至ったことがきっかけだという。そう見ると、孫が重慶で本来取り組みたい政策は、非情な政治闘争ではないのかもしれない。

市中心部から東へ二四〇キロ、車で四時間半の山奥にある大樹村。村で暮らす六一歳の陳世安によると、二〇一七年一月に村を視察した孫は村民を集めて車座になり、収入状況や生活ぶりを一人ひとりつぶさに尋ねてきたという。「熱心に話を聞いてくれた。こんなトップがいるんだなと感動したさ」

孫の脱貧困の中心にあるのは、日本の田中角栄をほうふつとさせる道路政策だ。この四年で四〇〇億元（約六四〇〇億円）を投じ、四・一万キロの農村道路を新設・改修した。

二〇一七年はさらに八千キロを整備する。

大樹村でも二〇一六年、八キロが改修された。陳は「水を運び、野菜を売り、隣村の病院にも行ける。生活は劇的に変わった」と喜ぶ。

だが、出世競争が激しさを増すなかで、大きな後ろ盾もない孫がさらに抜きん出るためには、アピール不足は否めない。「もとより目立つのは下手。性格的にもできないのだろう」。地元記者はこう評した。

二〇一六年の全国人民代表大会（全人代）閉幕日の人民大会堂。孫は舞台上でわざわざ習を待ち受けて握手した。舞台上で習と握手したのは孫だけだったこともあり、「やはり習は孫に期待している」という見方も広がっていた。

それから一年たった二〇一七年の全人代閉幕日。反腐敗への取り組みが糾弾された後ろめたさもあったのだろうか。孫は習に視線を合わせることなく、誰よりも早く急ぎ足で舞台裏に消えた。

第三章

党大会直前の攻防

二〇一七年八月

主な登場人物

孫政才（スンチョンツァイ）　前重慶市書記。「第六世代」のホープとされながら、二〇一七年七月に失脚。収賄罪で起訴された。

郭文貴（クオウェンコイ）　在米の中国人政商。公安省幹部らとの深いつながりがあったとして、米国から王岐山とその親族のスキャンダルなどを告発し、話題に。

二〇一七年八月
異変は突然、表面化した。次世代の最高指導者候補と言われてきた重慶市トップの孫政才の解任が発表されたのだ。党内に何か不穏な動きが出ていることの予兆はあった。しかし、これほどの地位の要人が党大会の数カ月前に失脚するとは――。記者たちはその背景を追った。

見限られた忠臣

重慶に再び激震

二〇一七年七月一五日、中国・重慶市共産党委員会が重要会議に用いる渝州賓館に、急遽、市党委の主要幹部が招集された。突然開かれたこの会議で、市トップの書記だった孫政才の解任が告げられ、後任の陳敏爾が幹部たちを前に決意表明した。

党関係筋によると、孫は前日に北京で開かれた「全国金融工作会議」に出席するため北京に赴き、会議に出た後、身柄を拘束されていた。

これに先立つ六月、孫の数十年来の知己であり、支えでもあった副市長兼公安局長の何挺が解任され、孫の将来にも影響があるかもしれないという観測は出ていた。しかし地元幹部たちにとって、このタイミングでの孫の交代までは想定外だった。

孫の解任を告げる突然の発表に、会場はしんと静まりかえったという。当然、そこに孫の姿はなかった。壇上の真ん中にいたのは党員九千万人に迫る共産党の人事を束ねる党組織部長、趙楽際だった。

「孫政才同志は重大な規律違反で調べを受けている」

地元記者や党関係者によると、趙はこう切り出したが、どんな違反なのかは具体的に語らなかった。

「なぜ、また重慶なのか」

出席者の一人は、そのときの衝撃を後になって周囲にこう漏らした。

彼の脳裏によぎったのは、五年前の事件だ。当時の書記、薄熙来が起こした政治スキャンダルのことである。薄は市公安局長を務めた腹心、王立軍の米総領事館駆け込み事件や妻による英国人殺害事件などを機に失脚した。

薄は今、収賄や職権乱用などの罪で無期懲役の身だ。現職の政治局員が摘発されるのは、中国共産党の歴史でもそうあることではない。重慶に来た政治局員が五年の間に二人も失脚するというのは、異様な事態だった。

孫はいったい何をしたのか。

次の趙の一言を聞いて、「これが解任理由の本質だ」と出席者は悟った。

「孫同志は、党の核心たる習近平総書記を支持しきれなかった。要求に応えていない。面従腹背は許されない」

趙のこの発言は、今も公になっていない。孫は国家主席である習に実力不足と見限られた。この出席者はそう受け止めた。

このとき、趙の隣に座っていたのが陳敏爾だった。陳は、習が二〇〇二年から二〇〇七年に浙江省書記だった時代に同省宣伝部長として支えた。

孫に代わる新たな書記として紹介された陳は高らかに宣言した。

「私はすでに重慶の一員だ。新たな業績で党大会を迎えたい。習総書記の核心としての地位を断固守ることを、最優先の政治的使命とする」

薄熙来の影一掃できず

重慶市の書記から転落した孫政才は、党指導部の政治局員のなかで最年少だった。同じ一九六〇年代生まれの広東省書記、胡春華と並び、「第六世代」指導者の代表格と言われてきた。

孫は二〇一七年秋の党大会で最高指導部である政治局常務委員になることを目指していた。五年前の前回党大会の前、重慶市書記から党の最高指導部入りを目指した薄熙来と、この点は一致する。

ただし、文化大革命さながら、市民に革命歌を歌わせるような奇抜な政治キャンペーンを展開した薄と、農業研究者出身の孫の政治手法は対照的だった。

かつて孫と働いた経験がある中央政府関係者は「実直さが彼の持ち味だ。孫は重慶でも習の信頼を勝ち得ようと必死に働いていたはずだ」と話す。

ではなぜ、習は自身に忠誠を尽くしてきたはずの孫を見捨てたのか。

地元メディア関係者は、「おそらく、習の要求と孫の取り組みが相当ずれていたのだろう」と分析する。

二〇一二年一一月、習指導部の発足と同時に孫は吉林省から重慶の書記に転じた。送り込んだのは習自身だったとされる。習は、ある意味で薄と正反対である孫に、薄時代の重慶の政治風土の一掃を期待した。

幸先は良かった。孫が重慶入りしたその月、ある区の書記が女性とホテルで全裸でいる映像がネット上に流出した。本人は弁解して無実を訴えたが、孫は直ちに免職にした。「着任六三時間後の秒殺」とメディアは報じ、党高官らの職権乱用や汚職に厳しく臨む姿勢を、孫ははっきりと示した。

だが、メディア関係者は「良かったのは最初だけだ」と手厳しい。失点を恐れるあまりのことだったのか、孫は次第に「薄の反対」ばかりに拘泥するようになったという。

政策実行は慎重に、外部や一般市民との交流には消極的に。安定を求めるあまり、大胆な行動は影をひそめた。存在感が薄れたリーダーに、庶民から熱狂的とも言える支持を受けた薄の残滓を消せるはずもなかった。

二〇一六年一一月、反腐敗の特捜チーム「中央巡視組」が重慶に入った。二カ月に及ぶ調査を経て彼らが下したのは、薄らが残した「毒の除去が徹底できていない」という厳しい評価だった。「リーダーシップが弱体化し、使命を担うという意識も弱い」と、孫を批判しているとも取れる文言もあった。

孫の後任となった陳敏爾は二〇一七年七月一五日に就任するやいなや、一週間で一〇以上の重要会議を開き「毒の除去を徹底せよ」と繰り返し指示を出した。

「動きは素早く、かつ具体的だ」と地元記者は言う。

習の浙江省書記時代に長年仕えた陳には、「核心の要求」がどういうものなのかを、肌感覚で理解できるのかもしれない。重慶市政府関係者の目には、陳が自らやるべき仕事を自覚し、ちゅうちょなく断行しているように見える。

地元記者は、陳の姿を見て感じ始めている。

「習が孫に求めたのも、こういうことだったんだろう」

もう一つの「毒」、取り除けず

重慶市の書記を解任された孫政才は、「薄熙来らの毒の除去が徹底できていない」と指摘された。では、党中央が繰り返し指摘する「毒」とはいったい、何を指すのだろうか。

地元メディア関係者は、「私の理解では毒には二種類ある」と解説する。一つ目は文字通り、官僚や党幹部が権限を利用して収賄や口利きなどを行う腐敗行為を意味する。そして、もう一つこそが「習氏が本当に重慶、いや中国全土から一掃させたかったものだ」と見る。

重慶は長江と嘉陵江という二つの大河に挟まれ、中心部は高低差の激しい地形である。その形状から「山城」と呼ばれることもある。

その市内中心部にある鴻恩寺森林公園へと向かった。薄が書記に就任した直後の二〇〇八年に建設が始まり、面積は天安門広場の倍近い七三万平方メートル、最高地点は四〇〇メートルに達する。

野心旺盛な薄は就任時から「重慶モデル」という自らの政策を次々に掲げ、改革をうたった。最も有名なのはマフィア撲滅運動の「打黒」だが、それらと並ぶ一つに「森林重慶」というスローガンがある。「経済発展とともに緑の多い環境都市を目指す」という触れ込みで進めた政策である。

薄はイチョウ並木を好み、書記を務めた四年あまりで一〇〇万本以上を街路樹として植えた。

薄熙来による緑地政策で、重慶には今も多くのイチョウ並木が残る（2017年７月23日撮影）

失脚のおよそ半年前の二〇一一年秋には日本の自民党衆院議員の二階俊博が重慶を訪ね、植樹運動に賛同し、植林行事に参加している。二階は小泉政権時代の二〇〇五年に経済産業相を務めたが、当時、中国のカウンターパートである商務相が薄だった。二階は薄の将来性に期待し、その後も熱心に交流を続けていた。

「森林重慶」のために薄が投じた費用は、四〇〇億元（約六六〇〇億円）とも言われる。批判が出かねない金額だが、そこも薄はそつがない。原資は、「打黒」と称した地元マフィアの一掃運動で、企業幹部などから巻き上げた資産でまかなったのだ。

薄が展開した植林活動への評価は、政治階層によって異なる。北京からこれを見ていた党指導者たちは単なる人気取りだとして首をかしげた。

薄の後任として急遽北京から派遣され、重慶の書記に就いた張徳江は「過剰な植樹であり、木が枯れる被害が出ている」として直ちに政策を中止した。孫も張の決定を踏襲したが、すでに植えられた木を引っこ抜くような逆のパフォーマンスは取らなかった。結果として、多くのイチョウ並木はそのまま残った。

対して一般市民はどうか。タクシーに乗ったとき、どこまでも並木通りが続く光景に、私は思わず「きれいな街路樹ですね」とつぶやくと、女性運転手の話が止まらなくなった。

「そうでしょう、これはすべて薄熙来がやったのよ。彼の時代は犯罪が減ったし、安い公共住宅も増えたし、私たちはいろんな恩恵を受けた。市民はみんな彼が好きなのよ」

市民は今でも、薄が植えたイチョウを「熙来樹」と親しみを込めて呼ぶ。薄は党中央に縛られず、重慶で辣腕を振るった。打黒で法の秩序を無視してでも逆らう相手を追い落とした半面、弱者に寄り添う姿勢を前面に出して熱狂的に庶民を喜ばせもした。

「核心」となった習の権威を全国に浸透させようとしているなかで、今なお重慶に残る薄の人気。地元で政治取材を続けてきた記者は「これこそが、習が取り除きたい毒だったはずだ」と語る。孫は結局、そこにまったく手を付けられなかった。

新書記の陳敏爾は、習がトップだった浙江省で広報を担う党宣伝部長を務めた。市民へのアピールにたけた陳を重慶に送り込んだ習の意図は、そんなところからも透けて見える。

習を見習い、地元紙にコラム

習近平への姿勢が「面従腹背」だと糾弾された孫政才だが、実は地元でその批判を額面通りに受け取る人は少ない。

地元のベテラン記者は「孫は『習の指導に従え』と飽きるほど繰り返していた。忠誠を尽くしていた」と振り返る。市関係者も「とても暗躍したり寝首をかいたりできるような人ではない」と語る。

孫を重慶の書記にする人事に関わったはずの習は、ある時期までは孫の資質を認めていたように見える。

北京の政府筋は言う。

「習は自らも政治キャリアの大半を地方で過ごしており、幹部たちの地方での仕事ぶりを重視している。北京の区書記、農相など中央での仕事が長かった孫を重慶に送ったのは、孫にも地方で統治経験を積ませたいという思いもあったからだ」

実際、習は二〇一六年一月に重慶を訪れ、孫の仕事ぶりを自らの目で確認するかのように国家級の交通拠点として整備された港湾や液晶パネルの生産工場などを視察して回った。「一流の設備や技術、サービスが（シルクロード経済圏の）一帯一路の建設につながっていく」と語った習の後方には、満足そうに笑みを浮かべる孫の姿があった。孫が全国人民代表大会（全人代）の舞台上で、唯一、習と握手を交わして注目を集めたのは、この二カ月後のことである。思えば、このころが孫の全盛期だったのかもしれない。

孫は、習がかつて地方指導者だったころの姿に自分自身を近づけようと努力もした。

習は二〇〇二年に浙江省書記に就くと間もなく、地元紙の「浙江日報」で「之江新語」というコラムを始めた。ペンネームを用いて日々の出来事などを記すスタイルが好評で、習の一つの業績になった。省共産党委員会の宣伝部長として、このコラムを仕掛けたのが孫の後任として重慶市書記になった陳敏爾だったことは前章で触れた通りだ。

必要以上のパフォーマンスを避け、習の意向に背かぬよう何ごとにも慎重であろうとした孫だが、習がかつて取り組んだことであるなら話は別である。重慶に赴任した一〇カ月後の二〇一三年九月、孫は地元紙「重慶日報」で「渝政筆談」というコラムを始めた。

すでに一〇〇本以上が掲載されている。関係者は「すべてを孫が書いたわけではない」というが、「これが孫の作品」とされる文章には、孫らしい政治姿勢がにじみ出ている。

「何を語るべきか、語らざるべきか」という題のコラムには、こんなくだりがあった。

「指導者のなかには己の口元を管理できない者がいる。話し好きは大口をたたき、他人を非難し続ける。指導者は口を動かすより手を動かし、黙々と仕事をしなければならない。さもなければ、最後は「口は災いのもと」となり、さらには幹部全体のイメージを悪化させる」

わずかな供連れ、農村視察

二〇一六年一月に国家主席の習近平は重慶を視察し、演説を行った。重慶市の書記だった孫政才は、その内容に何か強いものを感じ取り、なすべき仕事を見出したようだ。孫はその後、習の演説を「重慶における重要講話」と命名し、あらゆる場で実行に移すよう訴えるようになった。

約三カ月後、孫は党の理論誌「求是」に七千字を超える論文を寄せた。このなかで孫は、習が指導部の「公約」として掲げる二〇二〇年までの「小康社会（経済的にややゆとりのある社会）の実現」をテーマとして取り上げ、重慶を含む中国西部地区で、貧しい農村を豊かにする政策がいかに重要かを説いた。

孫の実家がある山東省の地元紙によると、農村に生まれた孫は少年時代、地元で「有史以来の秀才」ともてはやされた。穏やかな性格で級長を務め、高校からは下宿生活となり、週末になると食料を抱えて家に戻った。孫は山東莱陽農学院（後の青島農業大学）を卒業すると、北京市農林科学院へ進み、トウモロコシ栽培の研究を始める。三四歳までは農学者としてのキャリアを積んだ。そんな孫が農業政策に熱い思いを抱くのは無理もない。

重慶は、北京・上海・天津と並ぶ直轄市の一つだが、北海道とほぼ同じ広さがあり、都市部と農村部の貧富の差が激しい。孫は自分の持ち味を生かせる農村政策で実績をつくり、最高指導部入りへのアピールにつなげようと考えた節がある。

重慶の中心部から北へ二〇〇キロ離れた梁平区明達鎮の農村。失脚する直前の七月五日に孫はこの村を訪れ、治水や農業の発展ぶりを視察していた。

孫が規律違反で取り調べを受けていることが発表された七月二四日、孫が視察したという村のドジョウ養殖場を訪れた。孫の視察に立ち会った向と名乗る技術員が、当時の様子を語ってくれた。

2017年１月に孫政才が視察した郊外農村の貧困家庭。生活ぶりを細かく尋ねたという（2017年２月、重慶市彭水県で）

「重慶のトップと聞いたからものものしい車列で来るのかと思ったら、引き連れてきたのはたった一〇人ほどだった。控えめな人だと思ったけど、説明は熱心に聞いてくれた。養殖場を一回りして環境対策などを質問していた」

視察の二日後、地元紙の「重慶日報」にその様子が掲載された。孫が現地で語ったということんな発言が載っている。

「小康社会の実現のため、使命感、責任感、緊迫感をもってあたってほしい。ずば抜けた成績で党大会を迎えたい」

その願いは、かなわなかった。孫が「習総書記の精神を学び、徹底する」と強調した「求是」の論文は国営メディアのサイトで閲覧することができたが、孫の失脚後に削除された。最後の農業視察の記事さえ、インターネット上から消えてしまった。

「等距離外交」、身を助けず

中国の国会にあたる全国人民代表大会（全人代）が開かれる北京の人民大会堂には、中国各地の地名が名付けられた部屋がある。

「重慶庁」は四階西側に位置する長細い部屋だ。入り口には元国家主席の江沢民が揮毫した「長江上流の経済センターを重慶に建設すべく努力せよ」との文字が掲げられている。失脚した前重慶市書記の孫政才がどの政治勢力に属するかはその経歴が特殊であるためか、人によって見方が分かれる。

最も多いのは、江につながる人脈が後ろ盾という評価だ。孫が北京の区書記だったころ市のトップにいたのは、その後、政治局常務委員まで上り詰めた賈慶林だった。賈は江の懐刀とも言える存在で、孫は賈にかわいがられた。

ただ、誰もが「江派」と認めるほど、江に近い関係だったわけではないようだ。孫は習近平に忠誠表明を繰り返しながら、江の人脈とも関係を維持する、いわば「等距離外交」の政治姿勢だった。研究者出身の孫は、政局を読んで行動することが不得手だったのかもしれない。

五年前、孫が重慶に着任した際に注目を集めたのは市長の黄奇帆の処遇だった。上海のコークス工場員出身という経歴を持つ黄は、江に近いとされる一方、失脚した重慶の元書記、薄熙来の片腕でもあったからだ。黄は薄のもとで働く自分自身を「水を得た魚のようだ」と評したことさえある。

2012年３月９日、全人代の重慶市代表団の会議で記者団の取材に応じた薄熙来。手前は市長の黄奇帆、奥は組織部長の陳存根

能力は誰もが認めるが、政治的な立ち位置は危うい存在。孫は結局、そんな黄を使い続けた。積極的に取り込もうとしたようには見えない。市政府の若手職員は「孫は経済に疎く、黄に任せるしかなかったというのが実際のところだ」と明かす。つまり、孫は人事に悩んで判断を下せなかったというのが実態のようだ。

薄の失脚後も重慶が全国トップレベルの成長を続けた功績を、市民は孫ではなく黄の手腕に見て取り、黄のことを敬意を込めて「金融市長」「重慶ＣＥＯ」などと呼ぶようになった。経済運営を黄に頼りきる孫の姿は、その能力に疑問を感じさせるものとなっていった。重慶から薄の勢力を一掃しろと命じた習は、孫と黄の力関係に厳しい視線を注いでいたのかもしれない。

その黄は二〇一七年二月、重慶市長から全人代財経委員会副主任委員という半ば名誉職に落ち着いた。うわさされた党要職への栄転ではなかったものの、薄の醜聞に巻き込まれながら失脚を逃れ、市長としてのキャリアを全うした。可能にしたのは黄の行政手腕のみならず「江が守ったから」（北京の外交筋）との見方が強い。

孫の失脚はその五カ月後だった。地元記者はこう語る。

「結局、孫は誰からも守ってもらえなかった」

党大会前、繰り返される暗闘

二〇一七年七月一四日、北京は最高気温が三二・四度に達する暑い日だった。

ただ、厳戒警備が敷かれた市内中心部のホテル「京西賓館」の会議室は強い冷房が利いていたようだ。国家主席の習近平は、白いシャツの上に黒色のジャンパーを着込み、壇上に座った。

「中国共産党の指導を強化しなければならない」。党が金融政策について協議する重要会議で、習はそう演説した。

党関係者によると、重慶市トップだった孫政才は、この日に拘束された。国営テレビが伝える映像で、九千万人近い党員の頂点に立つ二五人の政治局員のうち、姿が映っていないのは外遊中の二人を除けば、孫だけだった。

習は孫について何も言及していない。が、その表情はいつもの厳しいものとは違って穏やかで、かすかな笑みさえ浮かべていた。

孫政才が拘束された2017年７月14日に始まった北京での会議を伝える「人民日報」

このとき、習は何を思っていたのだろうか。

「もう次のこと、党長老たちが集まる北戴河会議のことを考えていたのでは」とある党関係者は語る。「情報は極秘とされたが、重慶で異変が起きそうだと何となくみんな分かっていた」と、孫の失脚は事前に粛々と準備された動きだったとの見方を示す。

孫に代わって重慶のトップに就いたのは、浙江省書記時代からの腹心である陳敏爾だった。陳は約二〇〇人いる党中央委員だが、重慶市の書記は一ランク上の政治局員がなる格上ポストだ。外交筋の間では秋の党大会で、陳が二段階昇進して最高指導部の政治局常務委員になる可能性も指摘され始めた。

前例はほかでもなく習自身である。

二〇〇六年に上海市トップの陳良宇が失脚した翌年、後任に抜擢されたのが浙江省の書記だった習だ。当時、中央委員だった習は、その年の党大会で二段階昇進して政治局常務委員入りし、「ポスト胡錦濤（前国家主席）」と目されるようになった。

北京の外交筋は推測だと断って言う。「習の関心は腹心の陳をいかに昇格させるか。そのために孫を排除したとの見方もできる」

事実上の一党独裁政権の頂点に君臨する中国共産党総書記の苦悩は、実は深いものがある。中国では、開かれた選挙を通じて指導者を選ぶことはできない。党の指導者や長老らが利害や政治的立場によって離合しながら、水面下で次世代の指導部の顔ぶれを決めてきた。つまり、最高指導者の総書記は、前指導部が引き立てた高官に囲まれて船出することになる。政敵と言える指導者がいることもあり、総書記とて思い通りに振る舞えるわけではない。だからこそ、一期目の五年間は権力掌握のために政治闘争に明け暮れ、二期目に向けて盤石の態勢をつくろうとする。

五年前に総書記となった習も例外ではなかった。

党幹部を養成する共産主義青年団（共青団）を後ろ盾に持つ前総書記の胡錦濤や、強大な「上海閥」を形成した元総書記の江沢民と比べ、地方勤務が長い習には中央政界に気脈を通じる高官は少なかった。

習は党と国を率いる態勢固めのために、党中央規律検査委書記の王岐山と手を組んだ。「反腐敗闘争」で競合する勢力を封じ込めた後、地方指導者だった時代の部下を党や軍の要職に送り込み、自らの権威と政策を浸透させようとしている。孫の失脚も、こうした流れのなかにある。

前々回の党大会の前には上海市書記だった陳良宇が、前回党大会の前には重慶市書記だった薄熙来がそれぞれ汚職などで失脚した。二人はいずれも最高指導部入りを狙っていた。そして、今回の孫。もはや偶然ではない。犯罪行為の摘発といった形でしか政敵を排除できない中国共産党の、周期的運動とも言えるような事態が繰り返されている。

孫の失脚に先立つ五月には、本来なら党指導部の政治局員が就くべき北京市書記に、中央委員候補ですらない蔡奇が任命された。福建省や浙江省時代から習を支えた側近中の側近である蔡は、六月の北京市共産党委員会の会議で「習総書記の核心としての地位を守ることが最重要の政治的規律だ。中央の決定は必ず実行し、中央が禁じたことは絶対にやらない」と、習への忠誠を誓った。蔡は第一九回の党大会を経て二階級以上の特進で政治局に入ることが有力視される。

しかし、かつての部下や信頼を寄せる一部幹部を大胆に引き上げる習のやり方は不穏な空気も生んでいる。在米の中国人実業家、郭文貴は、王岐山の家族らの腐敗疑惑をネットで告発し続けている。郭の背後には習に反発する党内勢力の存在もささやかれる。

習は七月三〇日には軍創設九〇周年を祝う軍事パレードを行い、「永遠に党に従え」と号令した。党と軍を引き締めた習は、河北省の避暑地、北戴河に集まる現役指導者や長老らが党大会に向け重要案件を話し合う非公式会合に臨む。八月上旬に開かれると見られるこの会合で、新たな最高指導部の陣容を巡って熾烈な政治的駆け引きが展開されると見られている。

習は孫を失脚させたことで「重要な人事は自分で決める」という強いシグナルを発した。習が腹心を最高指導部に迎えられるか。対抗勢力が巻き返すのか。厚いベールの向こうで、最後の闘いが始まろうとしている。

NYで党を揺さぶる実業家

ネットで告発

「孫政才は中国の若い世代の天才中の天才だ。政治的な知恵と指導力がある。彼が指導者になり、総書記になれば、中華民族にとって幸いだ」

習近平の後継者候補にも数えられた孫が重慶市の書記を解任される一〇日前の七月五日、インターネット上でそう語った男がいた。

自らも汚職の容疑を持たれて米ニューヨークに逃げ、習指導部のスキャンダルをネット上で告発している中国人実業家、郭文貴だ。孫と「面識はない」と言いながら、「千年に一人の人物」と褒めちぎった。

郭の背後には、習に不満を持つ勢力がいるとささやかれてきた。その郭が孫を持ち上げ

2017年4月19日、米国からネットを通じて生中継された郭文貴の暴露番組（YouTubeより）

たことと、ほどなくその孫が失脚したことは単なる偶然なのか。

不穏な動きの伏線は、二〇一七年四月にさかのぼる。

郭は米国に拠点を置く米政府系放送局「ボイス・オブ・アメリカ」（VOA）の番組に出演し、反腐敗運動を取り仕切る中央規律検査委書記の王岐山とその親族の疑惑を暴露した。

王の甥が中国大手航空会社の海南航空を私物化し、巨利を得ている――。七人しかいない最高指導部のメンバーで、習の片腕として腐敗高官の摘発を厳しく進めてきた王自身が、腐敗にまみれているという告発だった。

しかも、郭は公安省幹部から王一族の海外資産の調査を頼まれたとし、驚くべきことを口にした。

「調査は習主席の意向だと聞いていた」

反腐敗を武器に党内を引き締めてきた習にとって、王はなくてはならない存在のはずだ。王は慣例に従えば、二〇一七年秋の党大会で退任する年齢だが、「習はその慣例を破って指導部に残すのではないか」。そんな観測すら出ていた時期だった。

三時間生放送の予定だった番組は一時間二〇分ほどで突然打ち切られた。司会者は慌てた様子で言った。

「放送を中止しなければならなくなりました」

習が王を追い落とそうとしているのか。いや、王への批判を装った習への攻撃だ――。番組終了後、様々な臆測が飛び交った。

中国当局がＶＯＡに直接介入して、放送を中断させたとの見方も広がったが、真相は少し違ったようだ。

制作者を知る米メディア関係者は、番組の放送前に、ＶＯＡが中国当局から北京特派員の駐在許可の停止をほのめかされていたと明かす。生放送を見ていた上層部はこれを恐れ、自らの判断で急遽放送をストップさせたというのだ。

不自然な番組打ち切りの波紋も手伝って、郭の告発は党内を大きく揺さぶっていった。

安全当局とのパイプ

自ら汚職の疑いを持たれて海外に逃れたビジネスマンの暴露がなぜ、中国共産党の中枢を揺るがすのか。一介のビジネスマンがそんな話をしても誰も信じないだろう。だが、郭はただのビジネスマンではなかった。中国人実業家、郭文貴とは、そもそもいかなる人物なのか。

四月末、郭は朝日新聞ニューヨーク支局の記者の取材に応じて語った。

「数十年前から、中国公安省や国家安全省に頼まれて仕事をしてきた」

セントラルパークをのぞむ豪華ホテルの上層階で記者と向き合った郭は冗舌だった。公安省は主に国内、国家安全省は主に国外の反体制活動に目を光らせる諜報機関である。郭によれば、国内外でビジネスを手がける「知恵と能力」を当局に買われ、党幹部らの腐敗調査を手伝っていたという。

郭は山東省の農村で八人きょうだいの七番目として生まれた。中学を卒業し、一九九〇年代に隣の河南省で不動産業を始め、省都一の高級ホテルを建設するまでになる。成功のカギは省都、鄭州市トップの書記との深い関係だったと当時の郭を知る関係者は口をそろえる。

最初の出会いは書記就任直後のパーティーだった。

書記が以前の勤務地での経験をもとに地元経済をいかに発展させるかについて演説した後、郭はさりげなく近づいて「素晴らしい内容でした」と褒めちぎった。事前に書記の経歴や以前の仕事内容を調べ上げていた。書記は周囲に「自分の言いたいことを理解する賢い人物だ」と語っていたという。

「役に立つ人物と思えば、あらかじめ徹底的に調べてから近づくのが彼のやり方。相手は自分のことを深く理解してくれたと勘違いし、郭に惚れ込んでしまう」

九〇年代から郭を知る河南省の経営者、謝建升はそう証言する。ときにはインテリアの趣味まで調べ、ホテルの部屋を改装して幹部に提供していたという。

「中国で商売をするなら、許認可に大きな権限を持つ役人との関係が何より大事だ。後ろ盾が大きければ、何でも解決できる。そして役人はその見返りにカネや女を受け取り、昇進する。お互いに利用しあうのさ」。中国紙の記者は政と商の関係をそう解説した。

郭は一方で、敵と見なした相手は商人であれ、役人であれ、徹底的に攻撃した。郭をひいきにした鄭州市の書記もその後、郭の告発を受けて失脚している。

謝によれば、「腐敗」の動かぬ証拠になるのが、盗撮した相手の映像や録音なのだという。「自分が経営するホテルに相手を泊めて、部屋に女性を送り込む。その部屋にはカメラが仕掛けてあるというわけさ」と謝は言った。

謝自身、貸金を巡って郭とトラブルになった経験がある。そのときに郭の影響力の大きさを知ることになった。

郭文貴が開発した複合施設「盤古大観」(奥)。竜を模した外観がトレードマーク。手前は北京五輪の水泳会場だった「水立方」(2017年8月7日撮影)

二〇一三年八月ごろ、郭に呼び出された。場所は北京五輪の水泳会場となった「水立方(国家水泳センター)」の西側に立つ大型施設「盤古大観」。郭が経営する高級ホテルの一室で話し合ったが、決裂。謝は郭を経済犯罪で告発した。その後、郭の「代理」としてやってきた国家安全省の役人にこう脅された。

「郭は国家安全省のスタッフだ。あんたが告発したことは、国家の安全に大きく影響している」

屈しない謝に、郭は電話でこう言った。

「私と戦おうなんて、命知らずですね」

家族の住むカナダで過ごしていた謝に中国政府が指名手配をかけたことを知ったのは、そのしばらく後だったという。

郭文貴は王岐山の親族らの旅券、「豪遊」した飛行記録、米国にある王の妻の不動産などについて、次々と資料を出しながら告発を続けた。

郭が「王の私生児」が経営に関与していると主張する北京市内の二つの投資会社を、訪ねてみた。その会社は王の甥が強い影響力を持つとされる海南航空の系列ビルに入っていた。ＩＤカードを持った人しか上がれないため、オフィスを直接訪ねることはできなかった。だが、一階の受付で社名を告げると、担当者は「ええ、その会社はありますよ」と認めた。

郭の告発の真偽を検証するのは難しいが、根も葉もないデマとは思えない情報が含まれているのは確かだ。

打ち切りとなったＶＯＡの番組に出る前は四万ほどだった郭のツイッターのフォロワーは、三七万人を超えていた。

ある党関係者は振り返る。「郭の告発は王に対する批判の形だが、習近平指導部そのものへの攻撃だと思った」

そんな郭の動きを、習指導部は座視していたのだろうか。実は暴露と前後して、奇妙な動画がネット上に流れ始めた。

「私と郭は利益共同体だった」。郭からの収賄容疑などで、王が率いる中央規律検査委に

郭文貴との関係について語る馬建元国家安全省次官の動画。ネット上に流出した（YouTubeより）

拘束された元国家安全省次官の馬建が、白い壁を背に手を組み、カメラ目線で独白する映像だった。

馬の身柄を押さえる中央規律検査委の許可なしにそのような動画が撮影されることはありえない。それが流出した背景は謎だが、郭のいかがわしさを印象づけ、証言の信頼性を下げようとする政治的な意図が働いているのは明らかだった。

一方で、馬は郭と当局の密接な関係も語った。二〇〇八年から二〇一四年ごろにかけて、自分の地位と権限を使って、郭と彼の会社を支援していたというのだ。

馬は「郭氏は国家の安全活動に多大な貢献をしている」と、国家安全省の名義で地方の政府や警察あてにそんな公文書を出し、郭の商売敵を逮捕したり、電話を盗聴したりした。郭のビジネスに絡む違法建築を見逃すよう頼んだり、郭を批判する記者に圧力をかけたりもした。果ては、馬が自ら金融監督当局に掛け合い、郭が狙っていた証券会社の買収まで認めさせていた。

郭からの見返りは貴金属や不動産を含む六千万元（約九億八千万円）相当の賄賂。ニューヨークに留学した娘のマンションの家賃を払ってもらっていたと馬は明かした。

　絶大な捜査権力をバックにした郭の力をまざまざと見せつける事件が二〇〇八年、五輪に熱狂する北京で起きていた。

王岐山の雲隠れと復活

揺らぐ留任説

　五輪会場すぐ近くで郭が開発した複合施設「盤古大観」は、竜の形でひときわ人目を引く。名前は知らなくても、「竜の形をしたビル」と言えば、北京で知らない人はいない。

　独自報道で知られる経済誌「財新」によると、郭は北京五輪前にこの一等地を取得したが、資金繰りに行き詰まり、開発権を北京市に取り上げられたことがある。なんとか取り戻そうと、決定権を持つ五輪担当の副市長にかけあったが断られ、入札で別の会社が取得した。ところがその半月後、その副市長は失脚。入札にも不正があったことが判明し、白紙に戻った開発権は結局、郭が再び手にした。

失脚のきっかけは郭の告発だった。副市長の女性スキャンダルを盗撮した一時間ほどの映像が決め手になった。北京五輪は中国の威信をかけた国家プロジェクトだった。郭によれば、副市長に対する告発は最高指導部にまで上がり、「激怒した指導者」がスキャンダルの調査を即決したという。

当時の状況を知る関係者に会うことができた。「土地を戻してもらえなかった郭の報復だよ。監視や盗聴ができる当局との関係を使って撮影したんだろう」と話し、報告を聞いて激怒した指導者とは「当時の国家主席、胡錦濤だった」と証言する。この件以降、郭は中国の政財界で恐れられる存在になった。

ちなみに、盤古とは、天地を切り開き世界を創造したとされる中国の伝説上の神のことだ。そしてビルの最上部に作られた竜の頭部は、共産党中枢のある中南海を向いている。開発した郭の会社名は「北京政泉置業」。中国語の「政泉」の発音は、「政権」と同じである。

話を郭の告発に戻そう。

王岐山は二〇一七年で六九歳になり、秋の党大会で引退するかどうかが注目されている。共産党には最高指導部の政治局常務委員の引退年齢を巡って「七上八下」と呼ばれる慣例がある。党大会の年に六七歳以下ならば常務委員に昇格もしくは留任できるが、六八歳以上では退くしかないとの意味である。

王を片腕と恃（たの）んできた習は、慣例を破って王を最高指導部に残そうとしていると見られていた。しかし、郭の暴露で党内の王への視線は厳しくなった。

ネット規制が厳しい中国では本来、ユーチューブやツイッターを使った郭の暴露は見ることができない。だが、郭が事前に暴露を予告していたこともあり、中国内でも多くの人が規制をくぐり抜けるソフト（VPN）を使って郭の告発を見ていた。

「これで、王が指導部に残る目は消えた」。当時、北京の外交筋らの間でそんな見方が広がった。

王の動静を伝える国営メディアの報道は二〇一七年五月一三日、「一帯一路（シルクロード経済圏構想）」の首脳会議のために訪中したラオスの国家主席との会見を最後に途絶えた。

四〇日の雲隠れ

二〇一七年五月、中国人実業家、郭文貴から親族らを巡る疑惑を告発された党中央規律検査委書記の王岐山は訪中した外国要人と会談したのを最後に、メディアから姿を消した。会談のニュースを見たメディア関係者は「画面に映った王は、明らかに精彩を欠いていた」と振り返る。

約三週間後の六月七日。王がトップを務める党中央規律検査委が国家主席の習近平の重要講話の精神を学ぶ会議を開いた。内容はその日のうちに検査委のホームページで報告されたが、会議が「王の指示で開かれた」とあるにもかかわらず、出席者のなかに王の名前はなかった。

習指導部の反腐敗運動は、新旧の大物指導者を含む膨大な数の幹部を摘発してきた。「政敵つぶしの道具だ」との見方も強く、党内には反発や不満がくすぶる。習の意向を受けて厳しい取り締まりを断行してきた王自身に持ち上がった疑惑が、大きな波風を立てたのは間違いない。

郭の暴露した内容について、王は釈明を求められているのではないか。いや、水面下で次の大きな腐敗捜査を進めているに違いない。王の「雲隠れ」は、党関係者の様々な臆測を呼んだ。

党内事情に詳しい中国メディア関係者は「確認がとれた話ではない」と断ったうえで、こんな話が出回っていると教えてくれた。

党内の反発を受け、王はいったん秋の党大会での引退を決意した。だが、金融や経済にも精通する王を二期目も指導部に残したいと考えている習が、王に「自分が守る」と説得して思いとどまらせた――。

約40日ぶりにメディアに登場した王岐山（右）。習の腹心の陳敏爾（中央）が従っていた（中国国営中央テレビの画面より）

そして六月二二日。王が約四〇日ぶりにメディアに姿を現した。国営中央テレビが夜七時のニュースで、貴州省を視察する王の様子を伝えたのだ。

出迎える幹部らに笑顔で応える王の横に従っていたのは、このときまだ同省の書記だった陳敏爾だ。習の信頼が厚い陳と画面に映った王を見て、多くの党関係者が悟った。

「王は生き残った」

ほどなく、郭への反撃が始まった。

生きるか死ぬかの権力闘争

二〇一七年七月一〇日、それまで沈黙を守っていた中国国営メディアが一斉に、郭文貴に対する批判キャンペーンを始めた。

「金のためなら国も、親しい人も裏切る犯罪者だ」

新華社通信や中央テレビは、郭がネットを通じて違法に入手した情報を使って「デマ」をまき散らしたという非難を繰り返した。

国営メディアの批判報道は郭が告発した王の疑惑はもちろん、王の名前にも一切触れていない。しかし、メディアの言う「デマ」が、王に対する告発を指していることは明らかだった。

郭の批判を受けた後、動静が途絶えていた王が再び公の場に姿を見せてから二週間あまりが過ぎていた。北京の党関係者らは、習や王らの意向に基づく郭への「反撃」が始まったと受け止めた。

庶民の間でも、腐敗摘発の先頭に立つ王自身に浮上した疑惑への関心は高かった。批判キャンペーンは、より多くの関心を王の疑惑に引きつけるリスクもあったが、ある中国紙の記者は「(反撃をしないまま) 暴露が続けば、習指導部を危うくしかねないとの判断があった」と見る。

指導部による反撃と見られる動きの第二弾は、国営メディアが郭批判を始めてから五日後にあった。

七月一五日、次の最高指導部入りが有力視されていた重慶市書記の孫政才が、解任されたのだ。孫はその前日、「重大な規律違反」の疑いをかけられ、王がトップを務める党中央規律検査委に連行されていた。

郭と孫をつなぐ直接の線は見えていない。ただ、郭が暴露した情報は、習指導部に不満を持つ党内の勢力から流れていると見られていた。習と王は、有力高官である孫を失脚させることで、党内の不満勢力に自らの力の強さを見せつけたとの見方が広まった。ある党関係者は言う。「これは、生きるか死ぬかの権力闘争だ」

避暑地の非公式会議

穏やかな遠浅の海岸に面した中国河北省の北戴河は、かつて皇帝の避暑地だったが、今

共産党指導者が集まる河北省の北戴河には、「習近平同志を核心とする党中央のもとに団結しよう」との標語が掲げられていた（2017年８月３日撮影）

では共産党幹部たちが夏に重要会議を開く場所として知られる。

二〇一七年八月初めに訪れたとき、指導者たちが滞在する地域は立ち入りが禁じられ、海辺の街全体に厳重な警備が敷かれていた。

北戴河で開かれる会議で、集まった指導者や党長老たちはどんなやりとりをしているのだろうか。

会議の様子を知る党幹部は「あなた方が想像するような厳粛な会議のイメージではない」と明かす。引退した長老を含む要人たちは戸建ての別荘にそれぞれ滞在し、非公式の意見交換を繰り返しながら、重要事案の緩やかな合意を図るのだという。

二〇一七年の焦点は、秋に控える五年に一度の党大会の最高指導部人事だ。なかでも注目は王岐山の進退だ。

王が郭文貴から親族の腐敗疑惑を告発され、党内に不穏な空気が流れるなか、習は重慶市前書記の孫政才を失脚させる苛烈な手腕を示して、異論や雑音をひとまず封じた。だが、郭はその後もネット上で告発を続けている。北京の外交筋は「火種はまだ消えていない」と見る。

郭は王の妻が米国籍を持ち、米国に多数の不動産を所有していると訴えるだけでなく、妻の旅券番号の一部や米国の社会保険番号までも暴露している。

習指導部は腐敗取り締まりの一環で、党幹部本人はもとより、その家族の海外移住や財産の国外移転を厳しく制限した。郭の告発が本当なら、これまで追い込まれてきた幹部たちが反発を強めるのは間違いない。王を守り切らなければ、その政治的なダメージは習指導部二期目の政権運営にも影を落とす。

「王が残留できても、家族の疑惑は消えない。海外訪問の機会が多い首相などのポストは難しいのではないか」。ある中国人学者はそんな見方も示す。

インタビュー

郭文貴氏インタビュー（二〇一七年五月一八日）

朝日新聞は二〇一七年四月末、米ニューヨークに住む郭文貴に単独取材をした。取材の場に指定されたのは郭文貴がニューヨークで暮らすマンションだった。セントラルパークを見晴らす築九〇年の由緒あるホテルの上層階の一階すべてを占めるとてつもない豪邸だ。三方にベランダがあり、トランプ氏の大統領就任で一躍話題となったトランプタワーも目の前だ。

「あの建物にオフィスがあり、あそこには基金のオフィスがある」。郭はベランダから近隣の建物を指さしながらそう語った。ニューヨークのほかフロリダ州マイアミ、ロンドン、香港などにも邸宅を持っており、総資産は二八〇億ドル（三兆円）に上るという。

本人の説明では、二〇歳になる前からバイクや車、石油、ジーンズなど様々なものを売買して稼ぎを手にしてきた。日本製のテープレコーダーをさばいて荒稼ぎしたこともあったという。不動産で大もうけし、金融業で巨万を築いた。拘束の危険を感じて二〇一四年に中国を離れて以来、中国籍を放棄し、ほかの国のパスポートを使っているという。

王岐山に対する告発の背景などについての主なやりとりは以下の通り。

「次官側から五千万米ドル要求」

——ボイス・オブ・アメリカ（VOA）のインタビュー番組に出演中、あなたは「習近平国家主席の意向で、（反腐敗の盟友である）王岐山党中央規律検査委書記の親族の腐敗を調べた」という趣旨の証言をした。どういうことなのか。

中国の政治はずっとブラックボックスで、外からは真相が分かりづらい。日本人は表面からしか見ない。二人の関係がよいと言うが、互いに信頼し、気に入ったとしても、中国政治の世界では、高級幹部クラスになると、友情というのはありえない。毛沢東と劉少奇（元国家主席。文化大革命で失脚）の関係、胡錦濤前国家主席と令計画元党統一戦線工作部長（胡氏の側近とされたが、汚職で服役中）の関係がよい例だ。最良の政治パートナーこそが最大の政敵かもしれない。

番組では、四二分間の（電話のやりとりの）録音が放送されなかった。これは公安省の現役次官の弟との会話で、私の会社の社員や家族が捕まったという話をしている。

ニューヨーク中心部で築90年の由緒あるホテルの上層階に居を構える郭文貴（2017年４月28日撮影）

私が彼らの仕事（王氏らの調査）を手伝えば、家族を解放し、（凍結された）国内の資金も使えるようにすると。

お金のやりとりは会社の幹部がしたので私には米ドルか人民元か分からないが、（家族らが）捕まる前に、現金で次官側に一五〇万を渡していた。私は次官に（何かあれば）助けてもらおうと思っていたのだ。なぜなら、中国ではこうしたトラブルは人に頼るしかない。裁判所や検察、警察も彼の言うことを聞くからだ。

後になって、妻や娘が解放された。そのときに、次官側から五千万米ドル（約五五億円）を海外で要求された。

この金のやりとり以外に、私が「（調査の）トップは習主席か」と聞いたら、彼は肯定も否定もしなかった。

以前から公安省や国家安全省とはつながりがあり、海外の調査の多くは私が手がけ、金を出した。（汚職容疑で捕まっている）国家安全省元幹部が海外で最も頼りにしていたのは私だ。私は海外に会社があり、法律も分かっていたからだ。

だから、公安次官も私を頼り、「王氏の親族を君に調べてほしいとボスが言っている」と言ってきた。王氏の甥は（海南島を拠点とする）海南航空の株主だ。次官側は海外での株や資金のやりとりを調べろと。王氏には子どもがおらず、甥が後継者と見られている。

正直に言えば、私には習氏が調査を命じたとは思えない。次官が恐怖心から私に調べさせたのだと思う。（習氏が総書記になってからの）五年間の中国の反腐敗というのはすべて政治闘争だった。それを指揮したのが、王氏であり、（公安、司法部門を取り仕切る）孟建柱党中央政法委書記だった。習氏は心から反腐敗を望んでいたが、王氏、孟氏、そして公安次官たちが反腐敗を利用してライバルを捕まえた。

次官は自分が偉くなるには、互いの弱みを握っていれば安全と考えたのだろう。共産党員なら誰もが考えることだ。


「やくざのようなやり方で汚職をしている」

――では、王氏を調査しろというのは習主席の意思ではないと。

かなりの確率で次官の意思だろう。だが、習氏の意思という可能性も排除はできない。私が直接習氏の意思を聞いたわけではないし、次官は習氏の意思と言ったからだ。だから、私が話すのではなく、録音を聞いてもらおうと思った。

だが、重要なのはそのことではない。私が言いたかったのは、王氏らの家族が腐敗しているのかどうかということだ。海南航空の話は、ボーイング787を買って内装をし、使うまでずっと私が見てきた。だから、暴露できる。資金は王氏の甥の金ではない。二六億元（約四二〇億円）の飛行機を王氏の甥の専用機として使っている。燃料や管理費なども含めると、一時間飛ばすのに六万ドル（約六七〇万円）かかる。北京とニューヨークを往復すれば、一〇〇万ドル（約一億一千万円）はかかる。この金はどこから出ているのか。

飛行機には、モデルや軍人も乗っている。当然、王氏も知っているはずだ。多くの芸能人も飛行機に乗ってバリ島や日本に行ったり、フランスやブラジルにサッカーを見に行ったりしている。誰がこの権力を与えているのか。もちろん王氏だ。彼らが飛行機に乗って楽しんでいる間に、王氏は反腐敗闘争をやっているのだ。

私は商人で、捕まれば裏切り者扱いされる。悪人だと言われ、誰も信じてくれなくなる。中国で発言権があるのは、共産党のメディアだけ。十数億の人にはしゃべらせず、党の言うことを聞くしかない。海外のネットにもつなげないなんて、中国人はかわいそうだと思わないか。私は貧乏人、草の根の出身だ。当局は我々を豚と思っている。太らせて、殺す。

日本のみなさんに伝えたい。中国は反腐敗をやっているのではない。王氏や孟氏はやくざのようなやり方で、汚職をしている。親族が飛行機で世界を飛び回っている間、市民にはスキャンダルを語らせず、語れば捕まえる。国家のためでも、正義のためでもない。

私はすべての中国人に真相を知らせたい。彼らは反腐敗ではなく、彼らこそが本当の腐敗だと。政治をしているのではなく、自らの罪悪を隠しているのだと。

中国がこのままなら、大変なことになる。（二〇一七年秋の）党大会で、彼らは必ず習氏を実権のないポストにまつり上げると思う。習氏は気迫があり、能力がある指導者だが、欠点もある。情を重んじ、家庭的な観念が強すぎる。だから、王氏や孟氏らにだまされる。この五年間、（反腐敗で）習氏が罵声を浴びてきたのに、王氏や孟氏への批判はない。彼らがそんなに清潔で偉大なのか。習氏はそんなに悪いのか。もちろんそんなわけはない。これが政治だからだ。

孟氏や王氏は次の五年間も指導部に残りたい。習氏がこれを受け入れたら、中国は大きな災難に向かうことになる。彼らのスキャンダルを知る人たちを捕まえ、取り返しのつかないことになる。巨額の不法な資産を隠すために、また改革をするだろう。私はこの国を救いたい。十数億の人民の財産がだまし取られないようにしたい。すべての準備はできている。

「暴露するにはまず自分が強くなければ」

——あなた自身が彼らの腐敗を見てきたのか。

もちろんだ。彼らがピリピリしていることこそが最良の証拠だ。私がうそをついているなら、彼らは何も緊張することはないはずだ。私は近く開く記者会見で、彼らの資金がどこから来て、どこに行ったのか、どこに資産があるのかを明らかにする。

——公安省や国家安全省との関係はどのように始まったのか。

実はずっと前には軍の海外調査にも協力していた。その後、国家安全省がずっと協力を依頼してきている。うぬぼれではなく、私の能力と知恵を彼らが買っているからだ。私の金だけが目当てではない。中国には金持ちはいくらでもいる。彼らとは過去数十年の付き合いになる。（汚職容疑で捕まっている）国家安全省の元幹部とは二〇〇六年からの付き合いだ。

公安省とはずっと付き合いがある。幹部にも友人がいた。一九八〇年代からの関係だ。

――彼らから、違法なことを頼まれたことは。

それはない。私は海外の基金に数百億ドルの資金がある。何かするときは常に安全と将来を考えている。

――VOAの番組に出たところに、（汚職容疑で捕まっている）国家安全省の元幹部があなたの犯罪行為を指摘する映像が出回ったが、これをどう思うか。

もちろんでたらめだ。自由のない状態で話した内容には、まったく意味がない。私だって捕まったら、言わされるままに話す。彼はまだ判決も受けていないのに、カメラの前で罪を認めさせられている。おかしなことじゃないか。

――なぜ今になって、暴露し始めたのか。

このために二十数年間、準備してきた。父母や家族は中国にいる。暴露するためには、まず自分が強くなり、金持ちにならなければならなかった。私の弟は一九八九年に警察に殴り殺されている。弟の死はまだ終わっていない。説明を求めたい。

あとは、国を変えたい。誰かをあだ討ちしたいということではない。「依法治国」

（法に基づく統治）を実現したい。そう言うと、みんなは私をうそつきだと罵倒するが、私は気にしない。私はもう金を稼ぐ必要はない。世界一の部屋と飛行機と船を持っている。あとは中国のために何かしたい。本当に依法治国を実現させたい。子どもや孫に私や弟のような経験をさせたくない。私の成長そのものが、中国の暗黒の歴史の最もよい証拠だ。

――次官側から王氏、孟氏を調べるよう言われたのはいつごろか。

二〇一五年一月末か二月だ。家族が捕まってから、はっきりし始めた。

――王氏や孟氏があなたを捕まえようとしているから、海外に逃げたのか。

そうだ。二〇一四年に逃げて以来、（中国には）戻っていない。戻れば、私はおしまいだ。

――あなたの告発は二〇一七年秋の党大会に影響はあると思うか。

確実にあるだろう。それが私の目的でもある。王氏と孟氏は、（党大会で）何の役職にも就かせたくない。私が暴露しなくても、二人は役職に就かないかもしれないが、党全体が二人にだまされてほしくない。二人が悪者だとみんなに知ってほしい。

――国内に支持者はいるのか。

私のツイッターを見ている人は一億を超えていると思う。ただ、党関係者とはまったく連絡を取っていない。私が江沢民（元国家主席）と関係しているという人もいるが、ありえない。もしそんな関係があれば、私は今、こんなことになっていない。誰にでも分かることだ。これは私一人でやっている。リスクが高く、ほとんど自殺行為にも等しい。誰も巻き込みたくない。

――もっと多くのことを暴露するのか。

たくさんだ。ツイッターにも書いているが、すべては始まったばかりだ。

――中国政府は頭が痛いのではないか。

悪いことをしていなければ、どうして頭が痛くなる？　もちろん悪人はつらいだろう。二〇一七年は中国に大きな、よい変化があると思う。九千万人の共産党員の大多数はよい人たちだ。彼らも変わることを望んでいると思う。

郭氏の告発が事実かどうか、現時点でははっきりしない。取材では物的証拠の提示も求めたが、郭氏は今後開く記者会見で公開すると語った。ただ、「コネ」が大きく物を言う中国で、郭氏がのし上がる過程で様々な危ない橋を渡り、共産党や政府の有力者との関係を築き上げてきたことは想像に難くない。中国の「暗部」を知る人物とも言え、その告発の行方には大きな注目が集まっている。

第四章

進む一強支配

二〇一七年一〇月

主な登場人物

韓正（ハンチョン）　上海で党官僚としてのキャリアを積み上げ、上海市の書記から、党大会を経て最高指導部の政治局常務委員（序列七位）に。

王滬寧（ワンフーニン）　元政治学者。江沢民、胡錦濤、習近平と三代の指導部に仕えた知恵袋。党大会で、イデオロギー担当の政治局常務委員に。

劉鶴（リウホー）　党中央財経指導小組弁公室主任・政治局員。中国経済のかじ取り役として習が信頼を置く中国の経済政策のキーマン。

趙楽際（チャオローチー）　青海省や陝西省でキャリアを積む。党組織部長として人事を取り仕切り、習の信任を得たとされ党大会で政治局常務委員に。中央規律検査委書記。

二〇一七年一〇月
いよいよ第一九回党大会が開幕する。開幕の前夜まですぶり続ける指導部人事を巡る駆け引き、党規約修正などを巡る党内の不穏な反発の声──。それらを強大な力で押しつぶすように、習近平は「一強支配」の動きに踏み込んでいった。

再燃する個人崇拝

引きも切らず「習大大」人気

中国東北部にある吉林省延辺朝鮮族自治州光東村。九月半ば、一面に広がる水田で収穫を待つ稲穂が陽光に輝いていた。人口八〇〇人ほどの山村の様子が一変したのは、二年前の夏のことだ。

共産党総書記の習近平は二〇一五年七月、朝鮮族が住むこの農村を視察先に選び、伝統的な建築様式の民家や品種改良や有機農法に取り組む水田を見て回った。習が水田のあぜ道を歩き、村民から大歓迎を受ける様子が報道されると、全国から人が集まるようになった。

「習大大（習おじさん）が私の家にやってきた！」

そんな看板を掲げた民家の近くで、チマ・チョゴリ姿のガイドが、雲南省から来た約三〇人の一行に身ぶり手ぶりを交えて説明していた。

「総書記は朝鮮族がするように靴を脱ぎ、オンドルであぐらをかいたんです」

観光シーズンには一日千人以上がバスを連ねてやってくる。習が訪ねて村民らと語らったこの民家には、朝から晩までひっきりなしに観光客が殺到したせいで、住人が体調を崩したほどだ。

村のレストランでは、司会者が「習総書記の前で披露した曲です」と紹介して民族音楽を上演していた。習が歩いたあぜ道は多くの見物客が歩くため、きれいに舗装された。習が当時改善を指示して改装された村の公衆便所にも観光客たちが集まるようになった。

さらに習が視察の際に手にとった地元の米には北京や上海などから注文が殺到するよう

になり、売り上げは三倍になった。村の農家を束ねる男性は「注文が途切れず、二〇一六年に収穫した二千トンも売り切れた」と声を弾ませる。

「総書記の言葉を学べ」と、動員される党員の視察旅行もあり、習が足を運んだ先々が「観光スポット」になっている。

習が訪れた貴州省の村では、習の座ったいすが地元の歴史などを紹介する博物館に陳列された。江蘇省の村では、習が視察した民家の台所を保存するため、わざわざその隣に新たな台所をつくった。江西省の視察で習と言葉を交わした住民は、「習総書記に会って励まされ、病気が良くなった。仕事にも復帰できた」と国営メディアに語った。
「反腐敗闘争」などで庶民の厚い支持を集めた習の周りには、毛沢東以来の偶像化の兆しが見え隠れする。
習への個人崇拝の動きは二〇一五年ごろにい

習近平が視察した吉林省光東村には、習を描いたイラスト付きの看板がつくられていた（2017年９月撮影）

ったん強まった。「お嫁に行くなら習大大のような人がいい」などと、習をたたえる歌がネット上で広まった。国営メディアの幹部が習を持ち上げる詩をつくったり、湖南省の書記が習を褒めそやす地元の流行歌を本人の前で紹介したりした。

だが、行き過ぎた風潮に党内から待ったがかかる。

二〇一六年三月、党中央規律検査委員会の機関紙が「千人の追従は一人の直言にしかず」という格言を使い、こうした傾向に警鐘を鳴らした。

その後、党中央は個人崇拝につながる言動を戒め、新華社は同年末に「党規約はあらゆる形の個人崇拝を禁じている」と配信した。

開幕直前のメディアツアー

しかし、二〇一七年一〇月一八日に開幕する党大会を前に、そのたがは再び緩み始めている。

党大会の日程が発表された直後の九月初旬、人民日報や新華社など党や政府を代弁する主要メディア約一〇社に突然、取材ツアーへの参加を求める通知が届いた。党の中枢が集まる北京の中南海わきに建つ党中央宣伝部の建物に集められた一〇〇人以上の記者たちに、担当者は「急ですみませんが」と前置きして、ツアーの狙いをこう説明した。

「習近平総書記の領袖としての姿を十分に伝えることです。この報道に関心を寄せているのは誰なのか、よく考えてください」

記者たちは、すぐにツアーの背後にはトップである習の意向があると悟った。

取材先は、習が五年前に総書記に就任して以来、訪れた視察先を中心に五十数カ所。全国の省・直轄市・自治区が網羅されていた。説明会には、各地から呼び出された地方政府の担当者もそろっていた。貧困対策、民族団結、イノベーション、エコ、庶民の暮らしなど、テーマごとに記者が振り分けられ、翌日から現地に派遣された。

貧しさから抜け出した農村、先進医薬品の開発拠点、汚染された荒れ地をよみがえらせたエコシティー――。地元政府が車を用意し、習と交流したりした人々への取材を手配した。

取材の「成果」は九月下旬、テレビ、新聞、ラジオが一斉に組んだ特集「総書記の期待に応えるために」で大々的に報じられた。

「人民日報」は、バラ色の変化を報告しながら「習氏を核心とする党中央の下で団結した一三億の中国人民は、過去にやり遂げられなかった多くの大事業をやり遂げた」と強調した。

湖南省の少数民族、ミャオ族が暮らす十八洞村では、習が二〇一三年に視察した際、もてなした村人が出したキウイを「うまい」と評価したことから、それが村の特産になった。関係者によると、実際には別の村でつくったキウイだったのだが、その後、十八洞村でも植えるようになったのだという。二〇一七年、村のキウイはネットで大々的に販売された。

党大会の開幕間際に企画された取材ツアーに参加した記者の一人は皮肉交じりに言う。

「習が視察した場所は、地元政府も多額の投資をする。そこは良くなるに決まっているんだけどね」

記者は「これもメディアの仕事だ」と言いながら、こうつぶやく。

「前回の党大会より宣伝に力が入っているが、まだ足りないということなんだろう」

揺らぐ集団指導体制

中心に高い塔がそびえる「北京展覧館」。一九五〇年代に旧ソ連の専門家が設計などに関わり、独裁者スターリンが好んだ重厚な様式を採り入れて建設された建物だ。ここに二〇一七年九月二五日午後、黒いジャンパー姿の習が、最高指導部メンバーである党政治局常務委員や軍中枢幹部らを従えて現れた。二〇一二年に発足した習指導部の業績を大々的に紹介する展覧会「鍛え、奮い立って前進した五年」を視察するためだ。

香港・珠海・マカオを結ぶ世界最長の海上橋「港珠澳大橋」、貴州省に建設された世界最大の電波望遠鏡、中国版新幹線「復興号」――。大プロジェクトの模型を満足げに眺めた習は、一期目の政権運営を振り返り、自賛した。

習近平指導部の業績を宣伝する展覧会では、習の写真が至るところに展示されていた（2017年９月28日、北京展覧館で）

「非凡な五年間だった。党中央が団結して全党全国を指導し、人民の生活は顕著に改善した。歴史的な変革が起きた」

就任当初は政権基盤が弱いという評価もあった習だが、猛烈な反腐敗闘争で政敵をなぎ倒し、自らの腹心を続々と要職に登用するなど権力掌握を進めた。

二〇一六年一〇月の中央委員会第六回全体会議（六中全会）で、「党中央の核心」という称号も得て、毛沢東や鄧小平と並び称されるほどの権力の高みに達した。今や中央の高官や地方指導者らは、習への忠誠を競うような発言を繰り返す。北京展覧館には「習近平同志を核心とする党中央の周りに緊密に団結しよう」という巨大なスローガンが掲げられていた。

習への権力集中を支持する著名な政治学者、蕭功秦は「改革開放から三〇年以上たって社会の矛盾が蓄積しており、強い中央集権がなければ中国は混乱する。今こそ習氏のような強いリーダーが必要なのだ」と強調する。

しかし、党内には不満もくすぶる。習の右腕とも言われる党中央規律検査委書記の王岐山らの腐敗問題を暴露し続ける米ニューヨーク在住の中国人実業家、郭文貴の背後には、習体制に不満を募らせる党内勢力の存在が疑われている。

毛沢東時代の閣僚級幹部を父に持つ元党幹部は、習の功績を評価しながらも、「全知全能のようにあがめるのはやりすぎだ」と顔をしかめる。毛への個人崇拝がもたらした惨劇を見た経験から、社会を覆う雰囲気に危うさも感じる。

一九六〇年代から七〇年代にかけて、毛が階級闘争の継続などを呼びかけた政治運動「文化大革命」が起きた。毛への個人崇拝が極まり、無数の人々が迫害され、国中が大混乱に陥った。

一九七〇年代後半に改革開放にかじを切った鄧小平は、毛が長年務めた党主席を廃止。総書記を中心とする集団指導体制に切り替え、個人崇拝を禁じた。

党直属機関で党の統治を観察してきた関係者は「習が個人崇拝を望んでいるとは思わない」と前置きしたうえで、「権威が高まれば、党内や社会で個人崇拝の傾向は強まる。誰も異論を口に出せず、結果として国は傾く。習がそれを意識しているのかどうか」と危ぶむ。

党大会に向け、指導部内では習の政治理念を党規約に盛り込む方向で検討が進む。習の理念が「行動指針」に位置付けられるのか。その理念に、習の名前を冠した名称が付くのか。様々な観測が飛び交っている。

習はまた、自らの権力を強化するため、毛沢東時代の党主席制の復活を目指しているとの情報もある。党の意思決定権を党主席にゆだねる制度を採用すれば、合議制を原則としてきた政治局常務委の重要性は薄れ、長年の集団指導体制は揺らぐことになる。

そうした動きに伴い、党内で「習一強」への抵抗とも取れる動きが強まっている。習の政治理念を「習近平思想」と呼び、「毛沢東思想」と同じ表現で党規約に盛り込むとの観測があるが、実現は難しいとの見方が強まっている。党主席制も、「時期尚早」「毛時代への逆行は許されない」などの声が党関係者の間で目立つようになった。

「習の権威をどこまで高めるべきか」。事実上の一党独裁制を敷く中国にとって、国のかたちを変えるかもしれない重い判断を巡り、党大会までぎりぎりの駆け引きが続く。

塗り替わる勢力図

共青団派の落日

二〇一七年九月四日、北京五輪のメイン会場となった「鳥の巣」の近くにある北京会議センターで、共産党のエリート養成組織と言われる中国共産主義青年団（共青団）の北京市代表大会が開かれた。だが、共青団トップとしてその場にいるはずの団中央第一書記、秦宜智の姿はなかった。その日、すでに新たな職場に出勤していたからだ。

秦の異動が発表されたのは同月二〇日になってからだが、関係者によると、秦は実際にはこの日から、食の安全問題などを担当する国家質量監督検験検疫総局に出勤していたという。主要官庁とは言い難いうえ、秦は四人いる副局長の末席だった。

前国家主席の胡錦濤や首相の李克強ら過去の第一書記たちが、指導者としての経験を積むために、地方の省の書記や省長に転出してきたのと比べ、異様とも言える人事だった。「事実上の降格だ。今後、共青団は優遇しないという明確なメッセージだ」と党関係者は言う。

共青団は一九二〇年代、中国社会主義青年団として生まれた。一九六〇—七〇年代の文化大革命の際、政治的に攻撃され、危機的な状況に陥ったが、文革後は幹部候補の人材供給源として復活。特に一九九二年、胡錦濤が鄧小平に抜擢され、四九歳の若さで党最高指導部の政治局常務委員となって以来、共青団出身の幹部たちのネットワークを指す「団派」は党内で大きな勢力を築いてきた。

一九八〇年代に大学や職場で共青団幹部を務めた男性は「自分たちこそが共産党の後継者だと思っていた」と振り返る。職場で幹部に選ばれたとき、「明日は君たちのものだ」と言われたのが忘れられない。その頂点に立つ団中央の第一書記は、将来の総書記になる人材だと信じて疑わなかったという。

だが、習近平が総書記になって状況は一変する。習は二〇一三年の共青団大会で「形式主義、官僚主義、享楽主義、ぜいたくの風潮に断固反対する」と述べ、団幹部を震え上がらせた。

習指導部は二〇一六年には共青団の改革計画を発表。予算を半分にカットし、団中央の幹部は約三分の一に減った。団幹部を養成してきた「中国青年政治学院」も他の大学に再編させる形で、実質廃止した。

こうした措置について、党関係者は「卵をかえさないためだ」と突き放す。「共青団たたき」の背景には、河北省の農村地帯の県書記からキャリアを積み上げ、党トップにまで上り詰めた習の反エリート意識があるとされる。「草の根に分け入り、大衆に寄り添え」。毛沢東時代を思わせる号令の下、共青団中央の幹部が次々と地方に放出されている。

「共青団たたき」の実例は、秦だけではない。広東省では、党大会の代表入りが確実視されていた共青団の省トップが代表から漏れた。

共青団派の退潮は、共産党そのものの行方にも影響を及ぼす。二〇一七年一〇月一八日に始まる党大会で注目を集めるのが、秦の二代前の共青団第一書記で広東省書記の胡春華だ。

胡錦濤の後押しを受けた胡春華は、四〇代の若さで党のトップ二五人でつくる政治局に入り、「ポスト習」の最有力候補の一人と見られてきた。

だが、そんな見方は消えかかっている。二〇一六年三月には、共青団出身で胡春華の懐刀と言われた秘書役が内陸部の寧夏回族自治区副主席に転出した。地元では「実態は左遷だ。側近を引きはがされた」との見方も広がった。

最近、党関係者の間では、胡春華が党中央にこんな手紙を書いたという話がまことしやかに語られている。

「広東省で自分の働きは良くなかった。このまま広東で仕事を続けさせてください」

真偽は不明だが、そんな話が出回るほど、胡春華が置かれた立場は険しいとの見方が広まっている。

共青団は五月、若者向けの婚活事業を始めた。「恋愛にまで口を出すのか」と陰口もたたかれるが、党関係者の見方は異なる。

「習氏はもはや、共青団が政治に関わることすら望んでいない。社団（サークル）に戻れということだ」

上海閥、反腐敗のやり玉に

中国政治はおよそ四半世紀にわたり、胡錦濤を核とする共青団派と、胡の前任の総書記だった江沢民が率いる「上海閥」を軸に展開してきたといって過言でない。しかし、習は共青団を厳しく締め上げる一方、反腐敗の大なたを振るって江に連なる大物を断罪し、その構図を変えようとしている。

政治局常務委員だった周永康、軍制服組トップだった徐才厚と郭伯雄――。習指導部の成果を宣伝するため、二〇一七年九月から北京で始まった展覧会は、反腐敗で摘発した幹部の代表例として六人を写真入りで紹介している。そのうち実に五人が、江に近いとされた面々だ。

上海勢力は共産党の歴史で大きな役割を果たしてきた。中央権力の弱体化や混乱が見られたとき、取って代わったり補完したりする勢力として登場するのが上海の一派だった。一九六六年に始まった文化大革命を実質的に主導した「四人組」も、元をたどれば上海に基盤を置いた勢力である。

そして、一九八九年の天安門事件後、最高実力者の鄧小平に指名される形で上海市書記から総書記になったのが江だった。江は二〇〇二年に総書記を退いた後も、中央軍事委員会主席の座は胡錦濤に譲らなかったばかりか、自らの影響下にある多くの幹部を党指導部に残し、政権運営に隠然たる力を及ぼした。

しかし、北京で進む政治の力学の変化を、上海の人々も薄々感じ始めている。

上海図書館の地下にある書店「季風書園」は、国営系書店では難しい「売りたい本のみを選んで置く」スタイルを維持するため、独立民営を二〇年貫いてきた。同時に、表現の

上海閥（江沢民派）	年	共青団派
江沢民が総書記に	89年	
	92年	胡錦濤が党政治局常務委員入り
江が総書記を退任、党中央軍事委員会主席は留任	2002年	胡が総書記に
江が党中央軍事委主席を退任	04年	胡が党中央軍事委主席に
陳良宇上海市書記が汚職の疑いで失脚	06年	
曽慶紅国家副主席らが引退	07年	李克強が党政治局常務委員入り
	12年	胡が総書記、党中央軍事委主席を退任 習近平が総書記、党中央軍事委主席に
	13年	李が首相に
徐才厚前党中央軍事委副主席が収賄容疑で失脚 周永康前党中央政法委書記が収賄容疑などで失脚	14年	
郭伯雄前党中央軍事委副主席が収賄容疑で失脚	15年	令計画前党統一戦線工作部長が収賄容疑で失脚

上海閥と共青団派を巡る主な動き

習近平指導部の業績を宣伝する展覧会で、摘発された大物高官を紹介するコーナー。代表例として紹介された６人のうち５人が、江沢民の人脈に連なる高官たちだ（2017年９月28日、北京展覧館で）

自由を重んじ社会思想や時事問題に対する議論の場を提供するため、書店内にサロンを設け定期的に座談会を開いてきた。

店舗は上海図書館が大家であるため、経営者の于森は二〇一七年一月、期限が迫っていた店舗賃借契約の延長を図書館側に申し入れた。ところが図書館は「スペースを有効活用するため、契約延長はできなくなった」と断ってきた。

于は図書館と良好な関係を築いてきており、突然の宣告に驚いたが、苦渋の表情を浮かべる図書館側担当者を見て「背後に大きな力が働いている」と感じた。最近、座談会で政治問題などを扱うと当局の圧力により中止に追い込まれることが増えていたためだ。

「以前はこんなことはなかった。中国のリーダーが交代し、上海の空気さえも変わってしまった。指導を徹底させようという権力者の考えが、締め付けを強くさせるのだろうか」。于はいぶかる。

同じころ、習の浙江省書記時代の部下だった応勇が上海の市長に就いた。生え抜きの幹部を重用してきた上海にあって、外部出身の市長誕生は、後に首相になった朱鎔基以来、二九年ぶりの「事件」だった。

警察・司法など治安担当の仕事が長い応の影響力の高まりによるものかどうかは分からないが、八月には上海市内のバーやカラオケなどが突然閉められ、街のネオンが一斉に消えた。公安当局は店の責任者を集め「党大会までは何があっても営業させない」と告げた

季風書園閉店までの日数を告げるボード。惜しむ常連客からのメッセージで埋め尽くされていた（2017年９月22日撮影）

2017年10月18日午前９時、党大会開幕。壇上に並ぶ習近平総書記（中央）、江沢民元総書記（右から２人目）、胡錦濤前総書記（左端）

という。党大会の会場でもある北京ならともかく、遠く離れた上海で取り締まりが強化されるのは過去に例がないという。複数の市関係者は「六月に北京から送り込まれてきた公安局長の指示だ」と明かす。

習は地方の指導者に党中央への忠誠を求め、「派閥や独立王国をつくらせない」と繰り返し警告している。中国最大の経済都市である上海は、北京の政治と微妙な距離を保ってきたが、習の人事にはそんな上海も例外視しないという意図がにじむ。

相次ぐ外部からの幹部登用に、上海市政府の関係者は「魔都と称され、独特の文化を育んできたはずの上海らしさはすでに消えつつある」と嘆く。一〇年以上バーを営む女性は「こんなことは初めてだ。ささやかな娯楽すら認めず一切を排除し、本当に息苦しい街になった」と憤る。

その習も二〇〇七年、わずか七カ月ながら上海市の書記を務め江の勢力に囲まれて仕事をした。党や外交関係者の間では、習が江やその周辺と良好な関係を保ったことが、最高指導者に上り詰めた要因とも言われた。

目をかけたはずの習の剛腕で勢力をそがれた江は、九一歳になった。二〇一七年五月、上海市内の大学を訪れる写真が出回ったのは健在ぶりを示す狙いとも言われたが、両脇を支えられて歩く姿は逆に衰えを印象づけた。

二〇一七年九月、上海の複数の機関紙が一斉に習の上海時代を振り返る連載を始めた。そこに当時の習の言葉が紹介されている。

「権力とは何かを考えよ。中央集権の原則を忘れるな」

コラム　中国共産党大会とは？

Q　どんな行事なのか？

A　五年ごとに開かれる、中国共産党にとって最も重要な行事だ。事実上共産党が一党支配している中国では、党大会で示された方針が国の基本的な政策に反映されていく。だから毎回、世界からも注目を集めている。

全国の共産党員数は約八九〇〇万人。二〇一七年一〇月に開かれた第一九回党大会では、そのなかから選ばれた代表二二八〇人が北京の人民大会堂に集まり、一週間にわたって党の憲法にあたる党規約の改正や、今後五年の党の基本方針について話し合った。

Q　これまでの党大会では、どんなことが決まってきたのか？

A　第一回党大会は、中国共産党が結党された一九二一年に開かれた。それ以後、党大会では多くの歴史的な決定がなされてきた。

文化大革命の終結が宣言された一九七七年の第一一回、経済建設を最重要の課題と位置付け、「改革と開放」を提唱した一九八二年の第一二回、「社会主義市場経済」の建設が党規約に盛り込まれた一九九二年の第一四回など、党大会を節目に中国の進路が決まり、国内外に大きな影響を与えてきた。

Q　党大会で注目されるのはどんなことか？

A　毎回話題になるのは、やはり人事だ。党大会を経て、次の五年を率いる最高指導部の面々が決まる。党大会では、党の指導部にあたる中央委員会のメンバーが選ばれる。そして、大会が終わると中央委員会の全体会議が開かれて、中央委員のなかから政治局員、さらに最高指導部である政治局常務委員が選出される。党トップの総書記もここで決まる。

Q　党大会が市民生活に与える影響も大きいのか？

A　党大会が開かれる北京では厳戒態勢が取られ、第一九回党大会の開催前から市民による「治安ボランティア」も動員された。遠く離れた広東省深圳市でも、歌手の中島美嘉さんのコンサートが中止になった。大勢のファンが集まって不測の事態が起きるのを地元当局が恐れたと言われている。

Q　第一九回党大会では何が決まったのか？

A　党規約の「行動指針」に、習近平の名前を冠した政治理念が盛り込まれた。これまで、党規約に名前入りの政治理念が書き込まれた最高指導者は、毛沢東（「毛沢東思想」）、鄧小平（「鄧小平理論」）、そして習（「習近平の新時代の中国の特色ある社会主義思想」）の三人だけ。それだけに、今回の党大会で習の権威は大きく強まったと言える。

Q　中国はどんな道を歩んでいくのか？

A　習は党大会で、建国一〇〇年を迎える今世紀半ばに「社会主義現代化強国」を実現すると宣言した。中国は、毛沢東時代に「立ち上がり」、鄧小平時代に「豊かになり」、そして、これからは「強くなる」――。権威を強めた最高指導者が目指す中国の今後に、注目が集まっている。

党大会開幕

異例の演説

中国共産党第一九回党大会が開幕した二〇一七年一〇月一八日の北京は、未明から小雨模様だった。重要な政治日程ともなれば、空模様も含めて、党や政府があらゆる手段を尽くして「晴れ舞台」を演出する中国にあって、今回の党大会が予定調和には進まないことを暗示するかのようだった。

開幕式での習近平総書記の政治報告を聞こうと登録をした記者の数は、国内外合わせて過去最高の三〇六八人。うち外国人記者と香港、マカオ、台湾の記者は一八一八人で、習が総書記に就いた五年前の前回党大会を一一四人上回った。国営新華社通信など主要メディアは、こうした状況を「国際社会における中国への関心の高まりを示している」と誇らしげに報じた。

会場の人民大会堂「万人大礼堂」は約一万人を収容できるが、海外メディアに与えられたスペースは二階と三階にある傍聴席の一部だけだ。党大会のメーンイベントとも言える政治報告で、習は何を語るのか。発言はもちろん、その一挙手一投足すら見逃すまいと、人民大会堂前には深夜から国内外記者の長蛇の列ができた。

党大会に参加するのは、事前に四〇の地方や中央組織から選ばれた二二八〇人の代表たちだ。一九二一年、五七人で結成したとされる中国共産党の党員数は、二〇一六年末の時点で八九四四・七万人にまで膨らんだ。中央の幹部を除く多くの代表たちにとって、一生に一度あるかないかの大舞台。開会式が始まるまで、その名誉を祝うかのように記念撮影する姿が、会場のあちこちで見られた。

そのなかで、ひときわ賑やかな場所が舞台上、観客席から向かって左奥にあった。その輪の中心にいたのは、重慶市の書記の陳敏爾である。陳はこの党大会を経て「二階級特進」を果たし、党最高指導部へ駆け上がるのではないかとの観測があった。内外のメディアは当然、陳に関心を寄せていたが、党大会に出席する代表たちもまた、陳に注目していることがうかがえた。

そんな喧噪が一段落した午前九時、大会運営を担う議長団常務委員たちが「歓迎行進曲」の音楽とともに入場してきた。

習が先頭を歩く。その後ろに続く二人が姿を現すと、報道陣からどよめきが起きた。習に続いたのは、元総書記の江沢民と胡錦濤。それぞれ、九一歳と七四歳となったかつての最高指導者二人が公の場に姿を見せるのは、二〇一五年九月に天安門広場周辺で行われた軍事パレード以来、およそ二年ぶりのことだった。

胡錦濤指導部が退いた五年前の党大会では、胡が先頭を歩き、「党序列一・五位」の扱いを受けていた江が続いた。しかし、今回、開幕前日に発表された議長団常務委員名簿で、江と胡の序列は現役の政治局員に続く二五、二六番目の扱いだった。一部香港メディアからは、「江、胡は出席しないかもしれない」との観測すら流れていた。江と胡の登場で起きたどよめきは、そんな予想が外れたことへの様々な思いが込められていた。ただし、すでに一線を退いている二人の脇にはそれぞれ介添えが控えており、一人悠然と歩く習との違いが際立った。三人の入場する姿そのものが、それぞれの栄枯盛衰を物語っていた。

首相の李克強による開会宣言に続いて国歌斉唱があり、いよいよ習の政治報告が始まった。党大会開幕日の演説は、総書記が自らが率いた五年を総括し、未来のビジョンを示す場である。習にとっては初めての舞台だったが、一期目にして「核心」の地位にまで上り詰めた実績がそうさせるのか、習は自信をみなぎらせて語り続けた。

会場がざわつき始めたのは、報告が始まって一時間半を過ぎたころだった。前回、胡の政治報告はおよそそのころには終わっていたが、習の報告は一向に終わる気配がない。胡が一〇年前の演説で費やした二時間二〇分を過ぎると、記者席から「いつまで話すつもりなんだ」との声が出始めた。

それでも習は、水を飲む間さえ惜しむかのように話し続けた。トイレを我慢できないのだろうか、壇上でも中座する党代表の姿がちらほらと現れ始めた。議長団の最高齢で一〇〇歳になる元政治局常務委員の宋平は、杖をついて壇上から降り、二〇分ほど中座した。

結局、習の政治報告は原稿にして三万二千字、実に三時間二三分を費やす前例のない長大なものになった。

習が語った「新時代」

では、習はこの大演説で何を語ったのか。

まずは、自らの指導部が成し遂げた成果だ。例えば、習指導部の代名詞ともなった「反腐敗」について、習はその業績を誇らしげに語った。

「聖域なき反腐敗を堅持し、揺らぐことなく「大トラ退治」と「ハエたたき」を進めたことで、汚職の意思をくじく目標は基本的に達成された。汚職を不可能にする檻がさらに頑丈になり、汚職をしようという気を起こさせないための堤防が築かれた。反腐敗闘争の形勢はすでに圧倒的なものとなり、定着しつつある」

安全保障や軍事では「国防、軍隊の現代化を全力で推進した。訓練や戦闘への備えを強化し、海上の諸権益の擁護、テロの取り締まり、治安維持、災害救助、国連平和維持活動などの重要任務を効果的に遂行した。武器や装備の発展が加速し、軍事闘争への備えが大きく進展した」

ただし、この日の政治報告の主眼は、成果を誇ること以上に未来にあったと言える。中華人民共和国が建国一〇〇周年を迎える二〇四九年ごろまでにどのような国を目指すのか、習は大まかなタイムスケジュールを示しながら語ったのだ。

習はまず、二〇三五年までに「社会主義の現代化」を達成し、経済力や科学技術力を大幅に向上させて、中所得者層の割合を高めるとした。さらに今世紀中葉には、世界トップレベルの総合的な国力を有する国となり、すべての人民がともに豊かになる状態が基本的に実現し、人民が幸せで安心な生活を送っているとし、そのとき「中華民族はつらつとして世界の諸民族のなかにそびえたっているだろう」と語った。

習は、こうした将来へのビジョンを実現するために党が従うべき指導思想を掲げ、それを「新時代の中国の特色ある社会主義思想」と名付けた。
「党が形成した「新時代の中国の特色ある社会主義思想」は、マルクス・レーニン主義、毛沢東思想、鄧小平理論、「三つの代表」重要思想、科学的発展観を継承し発展させたものであり、中華民族の偉大な復興の実現に向けて奮闘するうえでの行動指針である」

第19回党大会の開幕式で、長時間にわたる政治報告を終え、座席に戻る習近平（中央）

演説で「新時代」を繰り返すこと、実に三六回。その場にいるすべての者が、「これが党規約に盛り込まれる習近平の思想だ」と確信した。そして習は、この思想の先に見える中国の将来像を「富強・民主・文明・調和のとれた美しい社会主義現代化強国」と称した。

「新時代」が何を示すのか、この日の政治報告で明示されたわけではないが、それをうかがわせる伏線はすでに過去の演説にあった。

七月二六、二七の両日に全国の党幹部を北京に集めて開いた特別セミナーで演説した習は、一九四九年の建国からの発展段階を「立ち上がる」時代、

「豊かになる」時代、「強くなる」時代に分け、「現在は三期目のスタート段階だ」と語っていた。

この発言の意味を、北京大学廉政建設研究センター副主任の荘徳水はシンガポール紙の取材にこう語った。

「習氏は新中国の歴史を建国、改革開放、そして現在の三期に分けた。これは自らの政治的地位の確立を示唆するものだ」

つまり、習の言う「新時代」とは、建国の父である毛沢東、改革開放の時代を拓き経済発展を導いた鄧小平と、自らが並び立つことを意味する。

習が示した時代認識に従えば、江・胡の存在は、毛、鄧そして習の前でかすむ形になる。延々と政治報告を続ける習の背中を、二人がいかなる心境で見ていたか。我々には知る由もない。しかし、演説を終えて自席に戻ってきた習に、二人はそれぞれ手を差し出した。「習近平の時代」に向け、さらに習が大きな権力を握ろうとすることを認めたのか、認めざるをえなかったのか。その答えはまだ見えていない。

「習近平思想」を巡る攻防

第一九回の党大会で指導部人事とならぶ最大の関心事は、共産党にとっての「憲法」とも言える党規約に、習近平の政治理念をどこまで強く打ち出すかだった。それは、習がどれだけ党内を掌握できたかのバロメーターになる。攻防は一年前から始まっていたと見られる。

習は二〇一六年一〇月に開かれた党の重要会議、第一八期中央委員会第六回全体会議（六中全会）で、自らを党中央の「核心」と位置付けることに成功した。

党の歴史のなかで、最高指導者を「核心」と呼ぶ表現は、建国の父である毛沢東、改革開放を進めた鄧小平、そして天安門事件で世界から孤立し、国内の団結が求められた江沢民の三氏に使われた。だが、個人崇拝につながりかねないとの危惧もあり、前総書記の胡錦濤のときにはほとんど使われなくなった。それをあえて復活させたところに、権力基盤を固めようとする習の強い意思がにじんでいた。振り返れば、それは一年後に迫っていた党大会に向けた布石でもあった。

党規約のなかで最も重要とされる「行動指針」の部分には、歴代指導者の政治理念が書き込まれている。ただ、個人名を冠しているのは「毛沢東思想」と「鄧小平理論」だけ。江沢民の「三つの代表」と胡錦濤の「科学的発展観」には彼らの名がない。習が自らの名前入りの理念を書き込むことができれば、その権威は江と胡を超え、毛、鄧という二人の

1949年 中華人民共和国建国

毛沢東
主な役職 党主席
位置付け 核心

毛沢東思想
党規約でマルクス・レーニン主義と並ぶ「行動指針」に

1978年 第11期3中全会

鄧小平
中央軍事委員会主席
核心

鄧小平理論
死去後の97年から「行動指針」に

1989年 天安門事件

江沢民
総書記
核心※

※天安門事件後、江が急遽総書記に登用され、権威付けのために鄧が「核心」と呼ばせたとされる

三つの代表
引退時の02年から「行動指針」に

2002年 第16回党大会

胡錦濤
総書記

科学的発展観
引退時の12年から「行動指針」に

2012年 第18回党大会

習近平
総書記
核心

政治理念が第19回党大会で「行動指針」に?

中国共産党の歴代指導者の地位と権威

カリスマ最高指導者に近づくことになる。

党大会に向け、様々な形で党内外の反応を探るアドバルーンも上がった。

二〇一七年四月には、習の浙江省書記時代の部下で、同省書記を務めた夏宝竜が離任のあいさつで、「習近平同志思想」との表現を使い、自分はその思想と習が浙江省時代に打

ち出した一連の戦略を実行に移してきたと振り返った。

ただ、建国の父である毛沢東と並ぶ「習近平思想」に近い表現には、さすがに党内でも異論が強かったようだ。「個人崇拝につながる」「そこまでの業績は残していない」といった声が党内から聞こえてきた。

河北省の避暑地に現役の指導者や党長老らが集まる「北戴河会議」が開かれる八月ごろ、中国メディアが「習近平総書記の一連の重要講話精神と治国理政（国政運営）の新理念、新思想、新戦略」といった表現を多用し始めた。党中央宣伝部副部長の蔣建国はこのころ、朝日新聞などに「すでに完全な思想体系となった」と説明した。

北京紙「新京報」も前後して、習の腹心である北京市の書記の蔡奇らが「習総書記の重要思想で頭を武装化」するよう求めたと報道。首相の李克強も七月末の党の会議で「（習の講話は）一連の新たな重要思想を提起した」と言及していた。具体的な表現は別にして、習の「思想」を党規約に採り入れる方向性は固まりつつあった。

綱引き、ギリギリまで

ただ、新たな政治理念に、習の名前を入れるかどうかについては、最後まで激しい綱引きがあったようだ。

党大会の日程を決めた八月末の政治局会議を巡る国営メディアの報道では、習の名前を使いながらも「党中央の治国理政」との表現も使われるようになった。

さらに、党規約の修正案について話し合った九月の政治局会議の報道では、習の名前が消え、「党中央が提唱した治国理政」との表現に変わった。習個人ではなく、党中央が前面に出た形だ。こうした動きから、第一九回の党大会では習の名前を冠した政治理念を書き込むのは難しいとの観測も広まった。

江沢民や胡錦濤の政治理念が党規約の行動指針に書き込まれたのは、彼らが退任する際の党大会だった。習が自分の名前を入れられなくても、一期目が終わった段階で自らの政治理念を行動指針に書き込むことができれば、それだけで江や胡を超える形にはなる。

だが、習はあきらめていなかった。

二〇一七年一〇月一四日、党大会に向けた最終的な準備会合となる第一八期中央委員会第七回全体会議（七中全会）が閉幕した。発表されたコミュニケでは、習の政治理念を「習近平総書記の一連の重要講話の精神と治国理政（国政運営）の新理念、新思想、新戦略」と紹介し、習の名前が復活。党大会に向けたせめぎ合いの最終盤で習が巻き返した。

党大会が開幕した一〇月一八日、習は三時間半に及んだ政治報告で「新時代の中国の特色ある社会主義思想」を指導指針とし、堅持していくと表明した。政治報告は習が自ら読み上げるため、新たな「思想」に自分の名前は付けなかったものの、大会期間中、党高官から新思想に対する賛同の声が相次いだ。

習の浙江省時代に仕えた腹心の重慶市書記、陳敏爾は「この新思想は新時代の我々を導くものだ」と称賛。同じく浙江省時代の部下で、北京市の書記に抜擢された蔡奇は「毛沢東思想、鄧小平理論に続き、マルクス・レーニン主義と中国の現実を結合させる三番目の歴史的な飛躍だ」とまで持ち上げた。

一期目の最高指導部メンバーである政治局常務委員の劉雲山ら高官の多くが「習近平の新時代の中国の特色ある社会主義思想」との表現で、習の名前を加えた形で言及した。

人民大会堂で開かれた一〇月二四日の党大会閉幕式。主宰した習が、自らの名前を冠した政治理念「習近平の新時代の中国の特色ある社会主義思想」を、党規約に盛り込む修正案を会場にはかった。

「同意しない人は挙手してください」

大会中に、地方の指導者から「領袖」とまでたたえられた習に反対できる党員がいるはずもない。すぐに、「異議なし！」と大きな声が返ってきた。

「採択！」

習の声が響くと、集まった約二三〇〇人の党代表たちは一斉に拍手した。一人の反対もない全会一致。習が総書記就任からわずか五年で、建国の父の毛沢東、改革開放を進めた鄧小平という二人の歴史的な指導者に次ぐ存在になった瞬間だった。

前年に「党の核心」に上り詰めて盤石の地位を築いたかに見える習だが、かつての部下ばかりを重用する人事や、厳しい反腐敗運動に党内の反発はなお根強い。「反腐敗以外に大きな成果はない」との冷めた見方が残るのも事実だが、こうした抵抗を抑えて党規約の改正にこぎつけた。

この日、習の両隣に座っていたのは、政治理念に名前が入らなかった江沢民と胡錦濤。次期指導部人事などを巡り緊張関係にもある長老の目の前で、自らの名前を冠した党規約を成立させるのは、「メンツ」を重んじる中国では、きわどい演出とも言えた。

閉会を宣言すると、習は自ら歩み寄って江と両手で握手。厳しかった表情を緩め、胡と両手でがっちり握手し、高齢の江を手で支える余裕も見せた。その姿には、二人の長老を立会人のようにして自らの時代を宣言した満足感がにじんだ。

焦点は「右腕」の人事

「党が直面する困難を、我々ははっきりと認識しなければならない」

共産党大会を間近に控えた二〇一七年一〇月八日、党中央規律検査委員会の公式サイトで三年間連載されたコラム「学思践悟」は、こう記して連載終了を告げた。同委関係者によると、コラムは主に、同委書記の王岐山の政治理念を編集者がまとめたものだが、ときに王自らが執筆したこともあった。コラムの打ち切りによって、「王の退任が決まった」との受け止めが党内で広がった。

党大会で最大の焦点の一つが王の去就だった。

王は北京市長時代に新型肺炎ＳＡＲＳの感染拡大防止に奔走して被害を食い止め、金融担当の副首相時代には巨額の財政出動でリーマン・ショックを乗り越えた。「火消し隊長」の異名を取るその剛腕ぶりで知られた王は、二〇一二年に最高指導部入りすると、総書記の習近平の右腕として「反腐敗闘争」の陣頭指揮を執った。

習には、党高官の腐敗を放置すれば人民の支持を失い、政権が傾きかねないという危機感があったことは間違いない。元最高指導部メンバーの周永康、制服組トップの中央軍事委員会副主席だった郭伯雄や徐才厚ら汚職高官を続々と摘発した習指導部に、庶民は喝采を送った。

一方で、反腐敗の取り組みは前国家主席の胡錦濤らが輩出した党エリート養成機関、共産主義青年団（共青団）や、元国家主席の江沢民の人脈に連なる「上海閥」といった政治勢力を牽制する武器の役割も演じた。習は摘発した高官の後任に自らの側近を充てるなど権力基盤を着々と固めていった。

党内の反感や恨みを一身に引き受けながら、高官摘発に剛腕を振るった最大の立役者が王だった。王は党内序列こそ六位だったが、指導部内で習に次ぐ実力者と見なされてきた。習は二期目の政権運営のためにも王を必要としていた。

王を留任させるために最大の障壁と見られていたのが、党大会の年に六八歳に達していれば最高指導部にはとどまらずに引退する「六八歳定年制」の慣例だった。

六八歳定年制を破って王を留任させることは、習の今後にも関わる重大事でもあった。二期目を終える五年後の党大会時で習は六九歳になる。今回の党大会で王が留任して定年制が骨抜きになれば、習の「三期目」に道を開く可能性もあるからだ。

去就なお見えず

王岐山は残るのか、退くのか。党大会が開幕する間近まで、様々な観測が飛び交った。米ニューヨーク在住の中国人実業家、郭文貴は二〇一七年春から、インターネットの動画中継を駆使して、王の親類らのスキャンダルを次々と告発し始めた。その背後には、王に反感を持つ党内勢力の存在が指摘されてきた。郭の激しい動きによって、「王の最高指導部残留は難しくなった」といった受け止めが広がった。

八月中旬には、中国の稲作の発展に貢献した著名な生物学者の死去と葬儀を伝えた武漢大学の発表が波紋を呼んだ。花輪を贈った指導者のリストから、政治局常務委員七人のなかで王だけが抜け落ちていた。「敏感な時期だけに大学の単純ミスとは思えない。何らかの意味があるのでは」（外交筋）といった見方が広がり、退任説が強まった。

しかし九月に入ると、王はトランプ米大統領の盟友と言われたバノン前大統領首席戦略官やシンガポールのリー・シェンロン首相らと相次いで会見するなど健在ぶりをアピールし、再び留任説が盛り返した。

元閣僚の父を持つ元党幹部は、八月に入っても王が「まだ続ける」と周囲に話していたと証言する。

しかし、党大会が閉幕した一〇月二四日に選出された中央委員二〇四人のなかに、王の名前はなかった。中央委員にならなかったということは、そこから選ばれる新しい最高指導部メンバーに、王が入らないことを意味する。党大会目前に失脚した孫政才を除き、習指導部一期目の政治局員は二四人おり、党大会で半数の一二人が退いたが、いずれも六八歳定年の慣例に従った形となった。

王が最高指導部から退いた背景には、慣例を破ってまで王を留任させることに反感を持つ党内勢力の抵抗があったと見られる。

党高官を次々と摘発した王に対して、引退した指導者ら党内の一部には反発がくすぶっていた。党関係者によると、八月の非公式会議「北戴河会議」で王の残留に異論が出たと言い、習としては盟友の留任よりもほかの政治課題への対応を優先させたと見られる。ある党関係者は王が留任しないことを「（党運営が）正常に戻るだけだ」と語った。

党大会以降、習は核・ミサイル開発問題が深刻化する北朝鮮問題やトランプ大統領が率いる米国との関係構築といった外交懸案に加え、経済分野での難しい政策運営が求められる。三期目を視野に入れた権力強化を進めるうえでも、ここで「政治的なリソースを温存する」（北京の外交筋）意味は大きい。

ただ、王が完全引退するかは不透明だ。

王の手腕を生かせる場を確保しようと、習が引き続き模索しているとの見方もある。党関係者は、王が二〇一八年春の全国人民代表大会（全人代）で国家副主席に就くとの情報が、王の古巣の党中央規律検査委で出ていると証言する。

国家副主席には党指導部メンバー以外の幹部が就任した前例がある。この関係者は「王を国家副主席にすることで、引き続き反腐敗に厳しく取り組む姿勢を示しつつ、外国要人との人脈を生かして外交や経済などでも習氏を補佐できる」と話した。しかし、党内には異論もあるといい、「実現するにはさらに曲折があるだろう」とも話した。

抑圧される活動家たちの声

批判の詩、直後に拘束

五年に一度の党大会を控えて、各地の民主活動家への締め付けが厳しさを増している。総書記の習近平を賛美する大量の報道が続く裏で、党批判の声はかき消されている。

「貧富差異希近平（シーチンピン）（貧富の格差が縮まることなどめったにない）」

中国東北部の黒竜江省ハルビンでは一〇月九日、習や前国家主席の胡錦濤ら党指導者の

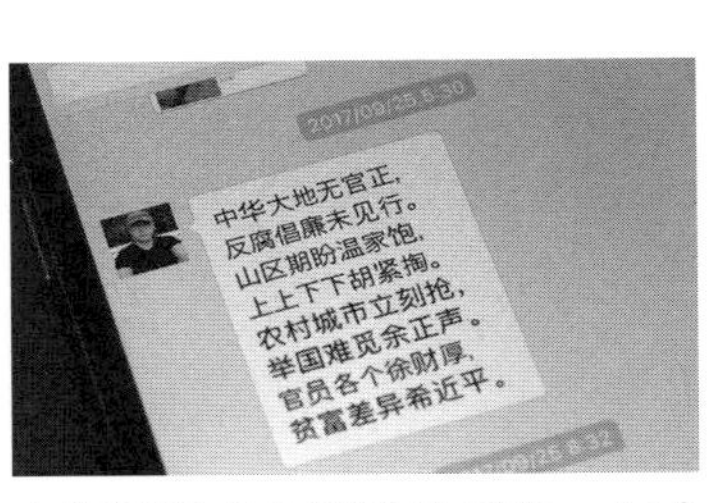

人権活動家の于雲峰が作った詩。中国共産党高官の名前をもじって官僚の腐敗を批判する内容（2017年10月14日撮影）

名をもじって批判する詩を作った民主活動家の于雲峰が当局に拘束された。于は九月下旬にこの詩をSNS「微信（ウェイシン）」上で発表していた。

その日、路上で友人に電話をかけていた于は突然、二〇人ほどの私服警官に取り囲まれ、携帯電話を取り上げられた。于は通話がまだ切断されていないことに気付き、友人に伝わるように「何事だ？　こんなに多くの人をよこして私を捕まえるのか！」と大声を出した。

警官は「しっかり協力してくれるな？　我々には調べたいことがある」とだけ話し、于を連れて于の自宅に向かった。自宅では、所持していた複数の携帯電話を押収され、詩について尋問された。于が最高指導者の名前の韻を踏んでつくった詩だと認めると、警察署に連行された。

于の地元の拘置所は様々な困難を抱えて政府に直訴を試みた市民らで満員だったため、別の地区の拘置所に移送された。于に示された「公安行政処罰決定書」は、「微信で虚偽の情報をつくって広めた」として、一五日間の行政拘留を命じる内容だった。

于の拘束当時、自宅を離れていた妻の李可人は翌日、拘置所から于の電話を受けた。于は「あの詩が原因だ」と話したが、李には于が拘束された理由に別の心当たりがあった。于は広東省の広州市の民主活動家徐琳が拘束されたことについて、活動家を支援するメッセージを発送。さらに徐の親族に中国に駐在する外国メディアの記者の連絡先を紹介していた。

さらに于は詐欺被害を訴える市民の支援や北朝鮮の核実験への抗議活動にも取り組んでいた。地元警察当局はそんな于を要注意人物としてマーク。于が徐へのメッセージを発した後、于に「次に何か書き込んだら、拘束するしかない」と警告していたという。

中国当局は活動家同士の連帯に神経をとがらせる。党大会期間中に活動家が一斉に政府批判を始めたら、習指導部のメンツは丸つぶれだ。自身も人権活動家である李は、「別の活動家を支援しただけでは違法性を問えず、詩を口実に拘束したのではないか」と見る。

于の拘束とほぼ時を同じくして、李への監視も始まった。李が北京で習への抗議活動を行おうとしたためだ。

ハルビン市郊外にある李の自宅の外には見慣れない車が一日中駐車するようになり、車内の男たちが自宅の様子を見張った。李の外出時には尾行が付いた。李は「党大会の期間中は、何もさせないつもりだろう」と話す。

ノーベル平和賞の候補にも名前が挙がったことがあり、今も当局批判を続ける北京の民主活動家、胡佳には九月中旬から、外出時にはどこに行くにも必ず当局者が付きまとうようになった。「党大会の期間中、最も北京にいてはいけないのはお前だ」。大会期間中の平穏を守ることが至上命題の公安当局はそう言った。

党大会が近づくと、「お前がいると党大会の成功に影響しかねない。一緒に「旅行」に行こう」と提案してきた。党の重要会議や国際会議などが開かれる間、活動家たちが抗議活動をしたり、外交官や海外メディアと接触したりすることを防ぐため、当局の監視付きで地方に行かされることがある。活動家たちが批判を込めて「被旅遊」（旅行させられる）と呼ばれるこの措置を拒否すれば、完全に外出が禁じられることは経験から分かっている。

胡は「刑務所にいるのと同じ状態よりは、出歩けるだけまし」と受け入れた。党大会を二日後に控えた一六日、飛行機で約二千キロ離れた雲南省に向かった。

胡は五年前の第一八回党大会の期間中も北京を離れている。大会直前、党に対して政治の透明化や言論の自由、普通選挙の実施などを求める一八項目の要求を、友人らへのメールを通じて公表し、反響を呼んでいた。このときは、「今度捕まったら二度と会えなくなる」と両親に懇願され、故郷の安徽省に避難した。実家の前には当局が監視カメラを設置したという。

当局はネットの統制も強めており、党批判が削除されたり、アカウントが閉鎖されたりしている。胡は「過去二回の党大会と比べても、締め付けはどんどん強まっている。ネットを管理する技術が発達したために、今はＳＮＳもすぐに削除され、ほとんど議論の場がない」と嘆いた。

党大会は今後の党の政策に、民意を反映させる場ではないのか。そう聞くと、胡はあきれたように答えた。

「本来はそうだ。だが、彼らが民意によって何かを決めたことはない。党大会は共産党が権力の独占をいかに続けるか、いかに統治するかを決めるだけだ」

胡佳（2017年６月28日撮影）

新しい最高指導部

お披露目会見

人民大会堂一階にある東大庁は、過去に多くの指導者が首脳会談や重要会議を行ってきた部屋である。一九九四年の改修時に、その壁を埋めるように掲げられた縦三メートル、横一六メートルの「幽燕金秋図」は、著名な画家、候徳昌とその弟子による山水画である。勇敢、壮大、華麗といった中華民族の精神性を表しているという。

第一九回共産党大会が終わった翌日の一〇月二五日午前、新しい指導部の立ち上がりとなる共産党中央委員会第一回全体会議（一中全会）が開かれた。政治局常務委員のメンバーが正式に決まるこの会議は非公開のため、その顔ぶれを世界が知るのは、会議後に東大庁で行われる記者会見を待たねばならない。

胡錦濤政権の折り返しとなった二〇〇七年の党大会後の一中全会で、習近平は中央委員から「二階級特進」の形で政治局常務委員入りを果たした。記者会見に習は六番目に登場し、その後ろに李克強が続いた。その瞬間、会場にどよめきが起きたのは、習と李の順番に驚かされたからだ。

多くの記者や学者たちは「党内序列で上に立つのは、ポスト胡錦濤の本命である李だろう」と予測していた。しかし、このとき明らかになった新しい党の序列は、次のリーダーが習になる可能性が高いことを示唆していた。そして、五年後の第一八回党大会後の一中全会で、その見通しは現実のものとなった。

二〇一七年の一中全会の焦点は、二期目の習近平体制で誰が最高指導部である政治局常務委員に入るかという点にあった。一〇年前、胡錦濤を継ぐ次期指導者候補として習が名乗りを上げたように、党は「ポスト習近平」となる次世代の有力者を最高指導部に引き上げるのか、権力の集中を図るため、現在七枠ある最高指導部ポストを削減するようなことをやってくるのか――。この日の記者会見は、何カ月にもわたって世界中のメディアがしのぎを削って取材し続けてきた指導部人事の答えが示される場でもあった。

前日に閉幕した党大会で選出された新たな党中央委員は二〇四人。一期目の習指導部の政治局常務委員七人のうち、新しい中央委員の名簿に名前のなかった全国人民代表大会常務委員長の張徳江、全国政治協商会議主席の兪正声、宣伝・イデオロギーや党務などを担当した劉雲山、中央規律検査委員会書記の王岐山、副首相の張高麗の五人が退任。常務委員の枠に増減がなければ、残留する習と李を除き、新たに最高指導部入りする指導者は五人だった。

一人と六人

午前一一時五七分、記者たちが固唾を呑んで見守るなか、東大庁に新たな党最高指導部のメンバーが姿を現した。

先頭には深紅のネクタイ姿の習。やや硬い表情の李がその後に続いた。

そのあと姿を見せたのは、党中央弁公庁主任だった栗戦書、副首相の汪洋、党中央政策研究室主任だった王滬寧、党組織部長だった趙楽際、そして上海市の書記だった韓正の五人だった。

「第六世代」と呼ばれる次世代リーダー候補と見られてきた広東省の書記、胡春華や重慶市の書記、陳敏爾らの姿はそこにはなかった。

「先ほど一中全会が開かれ、全会一致で私が引き続き総書記を担うことになった。これは

新しい最高指導部メンバー。（左から）韓正、王滬寧、栗戦書、習近平、李克強、汪洋、趙楽際（2017年10月25日、北京の人民大会堂で）

私への信任であり、激励である」

会見の冒頭、習が語った言葉は、五年前よりも格段に権威を高め、党大会を満足な形で終えた習の「勝利宣言」のようでもあった。

腹心である陳の最高指導部入りを果たせなかったのは、党内の強い抵抗に遭ったからだとの見方がある一方で、習は後継者を明確にしないことで党内における自身の求心力を維持したと見る向きもあった。

通算三回目となる「お披露目会見」で余裕を見せる習に対し、新メンバーの五人の表情はこわばったままだった。さらに前回は習とともに記者席に何度も手を振っていた李から、笑顔すら消え失せていたのが五年前との大きな違いだった。

七人が壇上で一列に並び、撮影に応じる様

子を見ていた中国紙記者は思わず「最高指導部は七人じゃなく、「一人と六人」だな」とこぼした。

党大会で、党規約の行動指針に自らの名を冠した思想を盛り込むことに成功し、さらに権威を高めた習の姿は海外に向かっても存分にアピールされた。会見場の最前列席に座らされたのは、アフリカや欧米など各国の大使館から招かれた来賓たち。会見は中国国営中央テレビで生中継されるため、客席を国際色豊かにしようという演出の意図があるのは明らかだった。

習は「一六五カ国、四五二の主要政党から八五五通の祝電が届いた。党を代表して厚くお礼を言いたい」と述べた後、世界各国から集まった海外メディアの記者に呼びかけた。「百聞は一見にしかず。私たちは記者のみなさんが中国のあちこちを歩き、あちこちを見て、党大会後の中国の発展と変化に引き続き関心を持って中国を報じてくれることを歓迎する。私たちに過剰な褒め言葉はいらない。客観的で有益な意見を歓迎する」

ゆっくりと、野太い声からにじみ出る余裕と自信。「開かれた中国」を高らかに宣言した習は、拍手の中、ほかの六人の常務委員を従えて会場を立ち去った。

三代の総書記支えた「先生」──王滬寧

「今度の最高指導部には学校の先生が一人いるわね」

二〇一七年一〇月二五日、一中全会直後。記者会見場で出会った中国紙の女性記者が小声でそう言って笑った。二期目の習近平体制で最高指導部入りを果たした王滬寧のことだ。

上海の復旦大学国際政治学科の教授出身。江沢民が国家主席だった一九九〇年代に江の側近だった曽慶紅に才能を見出された。党中央政策研究室で官僚人生を歩み始め、江の時代だけでなく、胡錦濤、習近平両体制でも理論政策の中心人物として存在感を発揮してきた。

ほかの指導者たちが北京と地方とのポジションを行き来しながら、指導者としての経験や実績を積み、昇進していくことが多いなか、極めて異例な経歴の党高官である。毛沢東時代には文化大革命の理論構築で大きな役割を果たした陳伯達の例があるが、少し背中を丸めて控えめな姿勢で歩く風貌からして、ほかの党指導者たちとはまったく違った印象を与える。

国家主席である習の側近として外遊の多くにも同行したが、米中首脳会談の際に自らイスを後ろに引いて、報道陣による会談写真のなかに写らないようにするなど、黒衣に徹しようとのイメージは強い。

学者から党幹部へと抜擢され、上海から北京に移る際、それまで学者として発表してきた書籍などの文章をすべて回収して廃棄するように本人が求めた、という逸話は有名だ。すでに入手が困難になっている当時の著書を見ると、中国の民主化について深く思考を巡らせてきた政治学者であることが分かる。ただ、それを表には出さないところが、王らしさなのだろう。何事にも配慮を忘れず、党高官として間違いを犯さないように常に慎重に行動する性格は、「低調」（控え目）という中国語で表される。

時間は戻るが、二〇一五年には、王を巡って、雑誌の回収騒ぎもあった。

同年一一月に発行された、共産党機関紙である人民日報の傘下の雑誌社が発行する「環球人物」の第三〇二号。「王滬寧　政治的人生」と銘打った一二ページの特集を組み、表紙には濃紺のスーツを着た銀縁メガネの王の写真が載っていた。

ところが発売直後、北京市内の郵便局幹部の元には、この雑誌の回収を命じる党の緊急通知があった。すでに配達されて購読者の手元に届いていたものについても、郵便局員が出向いて回収を進めた。

記事の内容は、元同僚らの証言を元に、国のために力を尽くす知識人の理想型として王を描いたものだった。特段、党として問題のある部分があるとは思えなかった。「環球人物」はそれまでも習を始め、多くの党指導者の特集を組んできていた。なぜ、王だけダメなのか。このときもまた、回収は、政治的に目立つことを極端にいやがる本人の判断によるものだとの話が北京の外交筋の間には流れた。

ただ、最高指導部入りした今、いつまでも目立たぬ黒衣であり続けることは難しい。党の「トップセブン」である七人の政治局常務委員の一人として、党の宣伝工作やイデオロギーの統括をしてきた劉雲山の任務を引き継いだ。

王らしさはすでに出てきている。例えば、劉が務めていた中央党校の校長というポジションに王は就かなかった。

ベテランの中国メディア記者は「中央党校の校長は、将来の幹部候補たちとの接触が多く、党人事に直結したポジションだ。指導者として、さらに偉くなりたいとの野心は一寸もないということを示したいのだろう。彼らしい慎重さ

回収処分になった「環球人物」第302号。表紙にも王滬寧の写真を使っている（2017年10月25日撮影）

だ」と語る。

一方で、宣伝工作の統括とは、インターネットを含む、中国のすべてのメディアを管理する仕事を意味する。メディアを手にした「王先生」は約一四億人の生徒たちに、いったい何を教えようとしているのだろうか。

先に紹介した「環球人物」の記事によると、かつて王は同僚に対し、人生で最高の境地とは、一冊でも多くのよい本を書き、一人でも多くの学生に教えることだと言い、孟子の「君子に三楽あり」を繰り返していたという。

——いわく、君子には三つの楽しみがある。天下の王となることは、それに入らず。（中略）天下の英才を得て、これを教育することだ。

実力派の「黒馬」——趙楽際

「黒馬（ダークホース）」

党大会が閉幕した翌日、大勢の報道陣が見守るなか、総書記の習近平を先頭に姿を見せた新たな最高指導部メンバー七人のうち、六番目に姿を現した趙楽際を、香港メディアはこう形容した。習の紹介を受けて、趙は報道陣にぎこちなくぺこりと会釈したが、表情は最後まで固いままだった。

党大会前に、趙が最高指導部入りするとの見方は決して多くなかった。趙は最高指導部入りの条件を十分に満たすだけのキャリアを地方と中央で積んでいたが、元総書記の江沢民に連なる「上海閥」や、前総書記の胡錦濤らの出身母体である共産主義青年団（共青団）といった後ろ盾となる政治勢力の影が薄かったうえ、習に仕えた経歴も少ないためだ。

しかし、習と趙を結ぶ接点が過去にまったくなかったわけではない。香港メディアによると、趙の親類にあたるとされる趙寿山は青海省や陝西省の指導者を歴任した人物で、国共内戦時代には習の父、習仲勲と同じ部隊で交友を深めたという。革命世代の党や軍の高官を祖父に持つ「紅二代」として、趙と習は以前から何らかの関係があった可能性はあるが、公になっている情報では、この点はまったく触れられていない。

趙楽際（2017年10月25日、北京の人民大会堂で）

趙は首相の李克強より一年早い一九七七年に北京大学に入学し、哲学を学んだ。内陸部の青海省で三〇年近くキャリアを重ね、四六歳という異例の若さで同省書記に上り詰めた。地方の現場で経験を積んだ人物を好む習にとって、こうした趙の経歴は理想的だ。

習が党最高指導部入りした二〇〇七年、趙は陝西省の書記に任命された。古都・西安を中心とする陝西省は、習仲勲の出身地で、習自身も文化大革命時代に下放された地でもあるゆかり深い土地だ。

趙は着任後まもなく、同省富平県にある「習仲勲陵園」を大幅に拡張した。陵園には、にこやかな表情で足を組んで座る仲勲の巨大な石像が立つ。さらに、習近平が青春時代に下放されていたときに住んでいた洞穴式住居などを巨費を投じて整備したといわれる。趙の習への行き届いた配慮を象徴する事業だった。

ただ、趙は習にゴマをすることだけで評価されたわけではない。青海省や陝西省の指導者として在任期間中、高い経済成長を達成した手腕が見込まれたのだろう。

一期目の習指導部が発足した二〇一二年、趙は党内人事を統括する党組織部長に登用された。習が王岐山と組んで展開した猛烈な「反腐敗闘争」の陰で、組織部長は失脚した党高官の空席を埋める人事の手配で忙殺された。様々な利害が渦巻く党内情勢を見極めながら、習の側近を要職に抜擢する人事を取り仕切るのが趙の仕事だったといってもいい。「習派」とは言えない趙が最高指導部入りを果たした背景には、こうした功績があったことは間違いない。

そして趙は、党中央規律検査委書記に就いた。党大会前、習の最側近とされる栗戦書が同委書記に就くとの見方が大勢だった。反腐敗の司令塔として重みを増した同委トップには、習が最も信頼する人物を据える必要があるからだ。

習は二期目以降も引き続き反腐敗闘争を続けていく姿勢を鮮明にしている。共産党員に限らず、あらゆる公職者の腐敗行為に目を光らせる新たな国家機関「国家監察委員会」が二〇一八年三月に発足する予定で、党中央規律検査委もこれに深く関与することになる。党大会から間もない一〇月三〇日に党中央規律検査委が開いた会議で、趙は「習近平の新時代の中国の特色ある社会主義思想で頭脳を武装し、全面的な厳しい党管理をいっときも止めることなく展開し、腐敗をさせないように震え上がらせなければならない」と強調した。反腐敗闘争で大なたを振るった王岐山の後任として、趙が党内ににらみを利かせ続けることができるか。全党員が、趙の一挙手一投足を固唾を呑んで見つめている。

経済運営のキーマン――劉鶴

二〇カ国・地域（G20）首脳会議が開かれていた二〇一七年七月八日、ドイツ、ハンブルクのホテル。日本の首相、安倍晋三と習近平の会談が進むなか、異彩を放つ男性に出会った。若さを示すためだろうか、髪を真っ黒に染める中国共産党高官は多いが、その男性は「自分に政治的野心はない」と言わんばかりに白髪をたたえていた。ただ、眼光は鋭い。お付きに囲まれロビーを颯爽と横切ったのが、党中央委員の劉鶴だった。

彼の名を世間に知らしめたのは、習の発言だった。二〇一三年五月、当時、米大統領バラク・オバマの補佐官（国家安全保障担当）を務めていたトーマス・ドニロンが訪中したときのことだ。ドニロンとの会談に臨んだ習は、横に控えていた長身の人物を紹介した。

「こちらは劉鶴。私にとって非常に重要な人物です」

ドニロンは急遽、劉との面会時間を設けた。米メディアがこの逸話を紹介すると、国外では無名だった劉が一気に「習の謎の経済ブレーン」として脚光を浴びるようになった。

胡錦濤指導部当時からその能力が評価されていた劉は、二〇一三年三月、一期目の習指導部で中央財経指導小組の弁公室主任に就任。中国経済のかじを握る同小組の実務のトップを担う一方、中国経済の司令塔・国家発展改革委員会の副主任を兼務することとなった。

過去の論文や発言を通して浮かび上がる劉の考え方は①市場での価格決定を重視②経済発展の前提として政治の安定性が重要③欧米のような民主化の道は進まない④中国経済の成長は鈍化した状態が続く⑤中国経済は構造転換が必要、という点だ。それは習指導部による国づくりの根幹と符合する。

二〇一三年一〇月には、習指導部の経済政策を示すこととなった党中央委員会第三回全体会議（三中全会）を前に、「三八三方案」を連名で公表した。国有企業改革などの改革メニューを並べた内容は、劉が自ら起草を担ったとされる三中全会の公表文に反映された。

二〇一六年五月には、党機関紙「人民日報」一面に「権威人士が目下の中国経済を語る」とする文章が載った。減速し続ける経済について「U字やV字回復はない」として「L字」で当面、推移すると予測。政府内に漂う楽観論を戒め、改革推進を説いた。リーマン・ショックについて書いた論文で劉が示した考え方と似ていたことなどから、「権威人士＝劉鶴」という見方が定着した。

習は地方勤務時代の同僚を側近に置きたがる傾向が強いが、中央でキャリアを積んできた劉はその例外だ。だが、習の中学の同窓と言われ、習が好む実直なタイプに当てはまる。

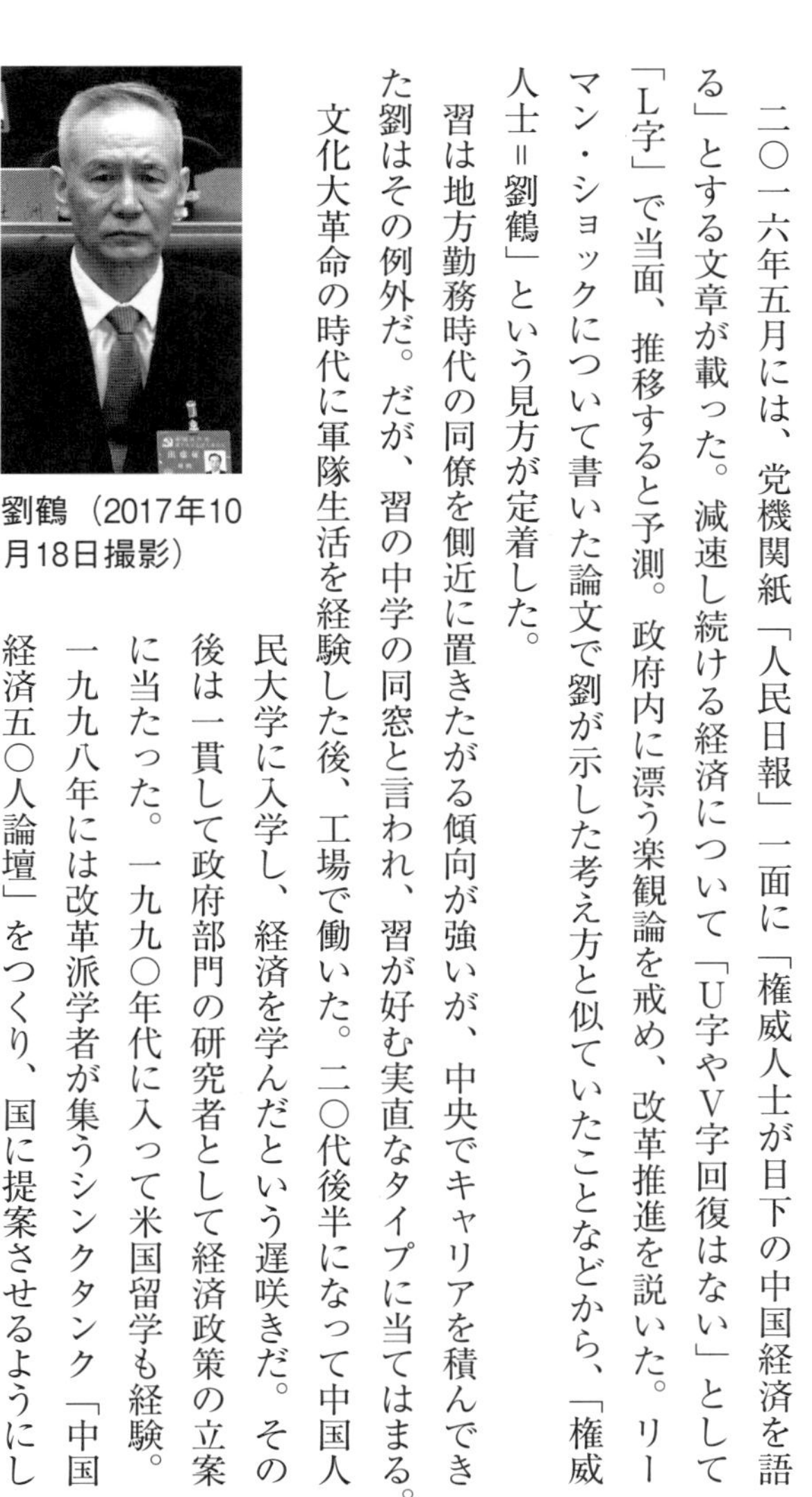
劉鶴（2017年10月18日撮影）

文化大革命の時代に軍隊生活を経験した後、工場で働いた。二〇代後半になって中国人民大学に入学し、経済を学んだという遅咲きだ。その後は一貫して政府部門の研究者として経済政策の立案に当たった。一九九〇年代に入って米国留学も経験。一九九八年には改革派学者が集うシンクタンク「中国経済五〇人論壇」をつくり、国に提案させるようにした。

二〇一六年二月にあった五〇人論壇の忘年会で、記者の質問を受けた劉は「中国経済の構造転換は必ず成功する」と強調したという。一年八カ月後の党大会で、習は「小康（ややゆとりのある生活水準）社会の全面的完成を目前にしている」と表明し、中国経済はある程度の発展を達成したとの認識を示した。

劉は二〇〇八年に書籍に掲載された論文「間断なき成長の奇跡」で、「当然ながら、一定程度の経済発展が達成されれば、政府の機能の変更や、行政管理体制の改革と民主への要求は日に日に強まっていくだろう」と予測し、経済や社会の発展と政治制度改革の関係などの問題への対処が「新たな課題」になるとしている。

劉の思索は経済運営にはとどまらないようだ。中国経済が新たな発展のステージに立ったとき、それに伴う「新たな課題」にどう対応していくのか。これまで通り政治の安定を優先させ、民主への要求を封じ続けるのかどうか。習の信任の厚い劉が、こうした問題についてどう考えるかも注目される。

第五章

習近平時代の課題

二〇一七年一〇月党大会後

主な登場人物

黄坤明（ホワンクンミン）　党中央宣伝部副部長を経て、党大会で政治局員・宣伝部長。習の浙江省時代の腹心として知られる。

楊潔篪（ヤンチエチー）　国務委員。外交官出身。党大会で、15年ぶりの外交担当の政治局員に選出された。

社会・経済

二〇一七年一〇月第一九回党大会で、習近平が高らかに宣言した中国の「新時代」とは何なのか。閉幕後に浮かび上がる主な課題を整理した。習が力を入れる貧困対策のひずみ、国家が主導する経済の危うさへの不安、摩擦を強める外交――。習の一強支配は個人崇拝の様相も見せ始めている。

ひずみ生む貧困対策

ガードマンに守られた高級マンション群の門から、農村で愛用される安価な電動三輪バイクトラックに乗った家族が外出していく。

マンション群の前に止まった3輪バイクトラックの荷台に乗る子ども（2017年10月20日、河南省蘭考県で）

河南省蘭考県。かつての寒村は今、マンションの建設ラッシュに沸く。習近平指導部が力業で進める貧困対策を象徴する場所だ。

同県には一九六〇年代、貧困対策に尽力して四〇代で病死した焦裕禄という書記がいた。この人物をたたえるため、習は二〇一四年、二カ月の間に二度も訪れ、「私はずっと焦書記を模範としてきた。焦裕禄の精神を学び、発揚することで、中華民族の偉大な復興という中国の夢の実現に大きな力としたい」などと演説した。

習の視察活動は「人民日報」が大きく取り上げ、習も視察した焦裕禄記念館には毎年二〇〇万人以上が訪れるようになった。

ところが、蘭考県は、中国政府が経済発展の状況などに基づいて指定する「貧困県」を脱することができずにいた。地元政府は大々的な貧困撲滅キャンペーンを展開し、企業誘致や農民への無利子融資のほか、貧困家庭にテレビや家具を無償で配布。二〇一七年三月に貧困県の指定から外れた。

習が貧困対策に力を入れるのは、それによって共産党支配の正統性を目に見える形で示すことができるからだ。中国紙によると、二〇一三―一七年に政府が貧困対策に投じた費用は四六一二億元（約七兆八九〇〇億円）に上る。

「習が総書記になって一番喜んでいるのは誰か。農民だよ」

同じ河南省の農村に父母を残す北京の大学教員は、そう言い切る。農村戸籍の人々にも徐々に医療保険などの社会保障制度が行き届くようになり、「病院で病気を診てもらえるという当たり前のことがやっと浸透してきた」と話す。

党大会初日、習は六千万人あまりが貧困から脱却した「歴史的成果」を誇り、二〇二〇年までに貧困をなくすと宣言した。その先に、世界をリードする「社会主義現代化強国」の姿を描く。

しかし、習のかけ声はひずみも生んでいる。蘭考県では政府主導の発展を見て開発業者が進出し、住民は立ち退きで多額の補償金を手にした。家族でマンションを四戸手にした七四歳の常進雲は「貧困対策が悪いわけがないだろう！」と笑う。

一方、隣の民権県に恩恵は及ばず、働き盛りだった息子を亡くした七二歳の女性が、親を失った孫に支給される毎月一〇〇元ほどの補助金を頼りに生きる現実もある。

女性によると、民権県の貧しい住民たちには二〇一七年八月に七千元が支給されたが、地元の村民でつくる村民委員会が「金は私たちが持つ」として預かったままだと言う。女性は「委員会は何も説明してくれない」と不信感を募らせる一方、記者に対して「習大大（習おじさん）に私たちの声を届けてほしい」と習への期待を口にした。

礼賛のみ、封じる批判

「外国の制度を機械的にまねすべきではない」

第一九回党大会で習が示したのは、人権や言論の自由を重んじる欧米とは違う形でも社会を発展させられるという自信だった。しかし、社会の息苦しさはマグマのような不満を募らせている。

北京師範大学で二〇年にわたって古文を教えてきた史傑鵬は二〇一七年七月、大学の人事部門から突然、理由も告げられずに呼び出された。事務室を訪ねると、担当者は書類を取り出し、いきなり「解雇」を言い渡した。史の言論が「主流の価値観と合致しない」というのが理由だった。

「セクハラで訴えられた教師だって警告で済んでいるのに、なぜ解雇されなければならないのか」と問いただすと、担当者は「最近、ネットに北朝鮮に関することを書き込んだでしょう」と切り返した。

一カ月前、大学内の党幹部から北朝鮮への書き込みをとがめる電話がかかってきたことがあった。「北朝鮮もダメなんですか。だったら、問題がある部分を指摘してください。その部分を削除すればいいんでしょう」。そう言うと、幹部は怒って電話を切った。

史は数年前、毛沢東や「愛国教育」への批判をネットに書き込んでとがめられたことがある。当局から警告を受けたため、最近は党や政府に関する言動を控えていた。だが、史をよく思わない当局は結局、北朝鮮についての評論まで問題視して解雇した。

ネット上の言論を理由に大学から突然解雇された史傑鵬（2017年10月13日、北京で）

不服を申し立てたが、解雇は覆らなかった。党や政府ににらまれた史を雇う大学はない。史は小説家として文学賞も取っているが、出版社からは増刷を断られ、収入も途絶えた。

「この五年間の社会の変化は本当に大きい。毛沢東批判はできなくなり、この一、二年は知識人のＳＮＳのアカウントがどんどん封鎖されている。国の将来を思っての批判は許されず、党や指導者の礼賛だけが喜ばれる。この国はどこに向かおうとしているのか」と史は嘆く。

党大会が始まる二週間ほど前の一〇月三日、体制内の改革派として知られた日本研究者の何方が死去した。党員だった何は政府系シンクタンク、中国社会科学院で日本研究所の初代所長を務めた。戦争を巡る歴史問題にこだわり過ぎることを戒め、日本との友好を訴えて「対日新思考」と呼ばれる考え方のさきがけになった。

同月八日、北京市内で開かれた何の葬儀には、改革派の友人や後輩が大勢集まった。参列者たちは、配られた追悼文集を見て驚いた。友人が寄せた文章の一部が黒塗りになっていたからだ。

「喚起民衆　実現憲政」（民衆に呼びかけ、憲政を実現しよう）

参加者によると、当局が葬儀にやってきて、その場で文字を塗りつぶすよう指示したのだという。習は総書記になって間もない二〇一二年一二月、現行憲法の公布施行三〇周年の式典で、「我々の党は憲法に基づいて国政を運営しなければならない」と語っていた。しかし、それから五年。今の中国では「憲政」という言葉すら、タブーなのだ。

政府に批判的な歴史学者の章立凡は言う。「政府は依法治国（法に基づく統治）を訴えるが、憲政は許されない。それは敵対する西側の思想だからだ」

「自由」なきイノベーション

「共産党中央と政府は、新エネルギー車（ＮＥＶ）と電池の発展を、非常に重視している」

工業・情報化次官の辛国斌は二〇一七年九月末、北京であったイベントでそう述べた。

中国は約七八万台（二〇一七年）を販売する世界最大のＮＥＶ市場だ。石油燃料車の製造では日米欧に後れをとったが、電気自動車などＮＥＶで一気に巻き返しに出ている。

政府がＮＥＶを推進し、これほど普及する構図は、五年前は想像し難かった。証券系アナリストは「転機は反腐敗だったのではないか」と考える。ＮＥＶの推進と普及はガソリンをなりわいにする「石油閥」が、反腐敗で没落したのと軌を一にするからだ。

習近平は反腐敗で政敵を倒し、自らの政治的立場を固めた。一方で反腐敗には、既得権益を持ち、改革に異議を唱える「抵抗勢力」を倒して、必要な経済改革を進める効果もあった。

「党の金融に対する指導を強化する」

二〇一七年四月に習が宣言したのと前後して、中国保険監督管理委員会主席だった項俊波が失脚した。項の下で成長してきた安邦保険集団会長の呉小暉が拘束されたと伝わった。

北京などで急速に普及したＧＰＳ付き「シェア自転車」。スマートフォンで解錠し、代金の支払いを済ませられる便利さが受け、市民に愛用されている（2017年10月26日撮影）

安邦は二〇一四年に米ニューヨークの高級ホテル「ウォルドルフ・アストリア・ニューヨーク」を約二〇億ドル（約二二五〇億円）で買収するなど、中国を悩ませた巨額の資本流出の典型だった。安邦は民間企業だが、過去の指導者の家族が関係を持つと言われ、呉自身も鄧小平の孫娘との婚姻歴があるとされた政商だった。この騒動後、企業が資本を流出させる動きはなりを潜めた。

一期目で足場を固めた習が二期目で狙うのは、経済の質の向上だ。

習が第一九回党大会で読み上げた政治報告からは、五年前の前回大会にあった国内総生産に関する目標が消滅。習は「発展の質と効率が依然として低く、イノベーション（技術革新）能力が十分に高まっていない」と現状の問題点を率直に指摘し、「革新型国家の建設を加速する」と述べた。

「シェア自転車」「ネット出前」「モバイル決済」「高速鉄道」。中国メディアは最近流行したこれらを「新四大発明」と持ち上げる。だが、中国に必要なのはさらに高度な革新だ。

習は、北京から車で一時間半ほどの距離にある河北省保定市に、新都市、雄安新区を建設することを決めた。

発表から半年がたった二〇一七年秋。桑畑が広がる同市容城県では、新区庁舎用の整地が始まっていた。

「住民は皆、大喜びしている。今後の発展は間違いないから」。六〇歳代の農夫は話す。

雄安新区の建設は、北京の首都機能を分散させ、混雑緩和などを図るのが最大の狙いだが、同時に先端産業を呼び込んで、環境との共生を目指すイノベーション主導の未来都市にする構想だ。党指導部は貧困人口が最も多い貴州省をビッグデータ産業の集積地に変えた貴陽市書記の陳剛を新都市建設のトップに抜擢した。やがて、大手国有企業や民間の情報技術（ＩＴ企業）が、雪崩を打って建設への協力を表明した。

イノベーションが次から次にわき出る社会には、自由で柔軟な思考が必要だ。ところが、習指導部は新たなネット規制で言論統制を強めたり、金融市場を安定させるために国内での仮想通貨交換業を閉鎖させたりするなど、国家運営のリスクにつながる恐れがある自由な発想の果実をしらみつぶしにしてきた。

事実上の外資締め出しなど国内のＩＴ企業は様々な規制に守られ、国から与えられた「自由」の範囲内ですくすく育ち、約一四億人の市場を背景に規模ばかりが大きくなった。だが、外国に進出し、厳しい競争に打ち勝てる企業はほとんどない。「そもそも、我々の世代は自由な発想を持つように育てられていないよ」。北京の三〇歳代の会社員は、イノベーション主導の経済の実現に否定的な感想を漏らす。

党大会を終え、新指導部が発足した中央委員会第一回全体会議（一中全会）直後の記者会見で、習は内外のジャーナリストを前に経済建設を進めるうえでの「改革」や「対外開放」の必要性を強調したが、イノベーションに必要な「自由」をいかに担保していくかに触れることはなかった。

外交・軍事

鄧小平路線との決別

トランプ「あなたが発表した重要政策を注意深く見守った。北京で十分意見を交わしたい」

習近平「党大会では中国の発展の壮大な青写真を描いた。あなたと両国関係の将来の発展を議論したい」

共産党の新指導部が発足した二〇一七年一〇月二五日。習は一一月の初訪中を控える米国大統領のトランプと電話し、首脳会談への意欲を語った。

習は党大会の政治報告で、建国一〇〇周年の二〇四九年ごろまでに世界トップクラスの総合国力と国際的な影響力を持つ「社会主義現代化強国」を築くと号令した。民主や自由を重んじる欧米の価値観とは一線を画した「中国モデル」で、米国をもしのぐ超大国を建設する意気込みを見せた。

北京駐在の外交官は、習指導部二期目の政治局員二五人のリストを見て確信した。「外交重視を前面に出してきた」。そこに中国外交を統括する国務委員である楊潔篪の名があったからだ。外交トップの政治局入りは銭其琛元副首相以来、一五年ぶりのことだ。

約四〇年前に改革開放にかじを切った当時の最高実力者の鄧小平は、毛沢東が発動した文化大革命によって疲弊しきった経済の立て直しを最優先した。そのために、対外関係をできるだけ安定させようと「韜光養晦（とうこうようかい）」（実力を隠して力を蓄える）路線を歩んだ。だが、国際社会での影響力の強化を狙う習の下で、中国外交のあり方は変わってきている。

五月には習は自ら提唱したシルクロード経済圏構想「一帯一路」の国際会議を北京で開き、二九人の首脳と一三〇カ国あまりの代表団を満面の笑みで迎えた。

習が党大会で語った「中華民族は世界の諸民族の中にそびえ立つ」という高揚した言葉に、「韜光養晦」の面影はもはやない。

だが、中国の周辺環境は厳しさを増している。米国は北朝鮮の暴走を止められない中国に業を煮やし、武力行使の可能性もちらつかせている。一方、伝統的な友好国である北朝鮮は、中国が北朝鮮産石炭の禁輸などの制裁を続けていることに強く反発し、中朝関係は史上最悪の冷え込みだ。

二〇一七年夏には、中国とインドの部隊が国境周辺で約二カ月間もにらみ合い、一触即発の状態となった。中国が人工島の建設や軍事拠点化を進める南シナ海でも、沿岸諸国や米国との火種がくすぶったままである。さらに、日中関係の改善も、尖閣問題がトゲとなり見通しにくい。

統一が悲願の台湾に目を向ければ、独立志向の民進党が政権を握る。国民党の馬英九前政権との間で経済協力を進めたが、中国依存を危惧する市民の心はむしろ離れた。「一国二制度」を掲げながら言論統制などの「中国化」が進む香港でも、独立派の動きが出てきた。

共産党関係者は「中国を理想的と感じさせるソフトパワーが必要だ」と語るが、力に頼るだけでは解決できない問題があることを最高指導部がどこまで理解しているかは疑問だ。習が率いる新たな指導部は、こうした様々な矛盾をはらみながら「新時代」に船出する。熾烈な政治闘争をへて強大な権力を握り、「核心」の地位を固めた習が、覇権を目指すのか、融和を目指すのか。その答えはまだ、闇の中だ。

「世界一流」への意欲

「同志們好（同志諸君）！」

「主席好（主席閣下）！」

二〇一七年七月三〇日午前九時すぎ、砂ぼこりが舞う内モンゴル自治区の朱日和訓練基地で、中国人民解放軍の創設九〇周年を記念した閲兵式が始まった。

中央軍事委員会主席を務める習近平は迷彩服姿で軍用車に乗り込み、ずらりと並ぶ各部隊にあいさつした。それに応じて将兵らが叫んだ「主席」という表現は、その一カ月前、香港返還二〇年に合わせて六月三〇日に香港で行われた習の閲兵式で登場したもので、中国本土での閲兵式ではこれが初めてだ。歴代の指導者には部隊の指揮官などを指す「首長」という言葉が使われてきたが、一人しかいない「主席」を使うことで、中央軍事委主席である習に対する絶対的な忠誠を誓う姿勢を強調したものと受け止められた。

その様子は、二カ月あまり後に開かれた党大会で強大な権力を握った習の姿を暗示する光景だった。

この閲兵式から約一カ月後の九月一日、衝撃的な情報が北京を駆け巡った。軍の作戦指揮部門トップの連合参謀部参謀長を務めてきた房峰輝と、軍の人事や政治教育などを担う政治工作部主任の張陽という、いずれも軍の最高指導機関である中央軍事委員会メンバーが、当局の取り調べを受けていると言うのだ。

関係筋に確認すると、房は北京の軍関連施設に隔離されていることも分かった。

胡錦濤前指導部で制服組トップの中央軍事委副主席を務めた郭伯雄と徐才厚の二人が摘発されたのは退任後だった。現職の中央軍事委員が失脚するのは極めて異例で、習指導部になって初めてのことだった。

房は、二〇一五年に収賄容疑などで摘発された郭と、旧蘭州軍区で親しい関係を結んだと言われる。その後、トントン拍子に出世し、旧北京軍区司令官などを経て二〇一二年に中央軍事委員に上り詰めた。二〇一七年四月に米フロリダ州で行われたトランプ政権発足後初の米中首脳会談で軍代表として習に同行し、六月に開かれた初めての「米中外交・安全保障対話」にも中国軍を代表して出席した。サイバーセキュリティーや統合作戦指揮などに通じ、次期副主席の有力候補と見なされてきた人物だった。

ところが、八月二六日に行われた中国とパキスタンの軍高官会談で、陸軍司令官だった李作成が、房が務めてきた「連合参謀部参謀長」の肩書で出席したことが判明し、その後、房の消息は分からなくなっていた。党大会に出席する軍の代表団にも選ばれず、何らかの理由で失脚したことは明らかだった。

一連の動きは、習が軍中枢にも自らが信頼を置く人物を登用し、軍内の権力基盤を強化しようとする動きと重なっていた。

党大会閉幕翌日の一〇月二五日に開かれた一中全会で選ばれた新たな中央軍事委員会メンバーには、習に近い軍高官がずらりと並んでいた。

制服組トップの二人の副主席のうち、留任した許其亮は習が進めた軍改革で大なたを振るい、習の絶大な信頼を得た。新たに副主席に昇格した前装備発展部長の張又俠は、父親が国共内戦時代、習の父親と同じ部隊で戦った間柄だ。革命世代の党や軍の高官を父祖に持つ「紅二代」として習と関係が近いと見られている。

失脚した房の後任として連合参謀部参謀長になった李は、一九七九年の中越戦争で活躍し「戦闘英雄」の称号を与えられた実戦派で、習指導部になって出世を重ねてきた。元国家主席の江沢民に近いとされる二人の前副主席との関係が薄かったことで、習に重用されたともささやかれた。

次期国防相に就任する見通しの前ロケット軍司令官の魏鳳和は、習が二〇一二年に総書記に就いた直後、軍最高ランクの「上将」に昇格させた人物だ。さらに、失脚した張陽の後任として政治工作部主任に任命された苗華は、習が長年キャリアを積んだ福建省時代から交流を深めた側近だ。

中央軍事委員のほか、党大会に先駆けて任命された陸軍司令官や空軍司令官も福建省時代に習と知り合い、関係を深めたとされる軍高官が目立ち、軍中枢ポストのほとんどが「習派」で占められた。ある党関係者は「江沢民や胡錦濤の人脈に連なる幹部は中央軍事委から一掃された」と話す。

軍内での激しい政治闘争に勝利した習は党大会の政治報告で「二〇三五年までに軍の現代化を実現し、今世紀中ごろまでに世界一流の軍隊を全面的に建設する」と大号令をかけ

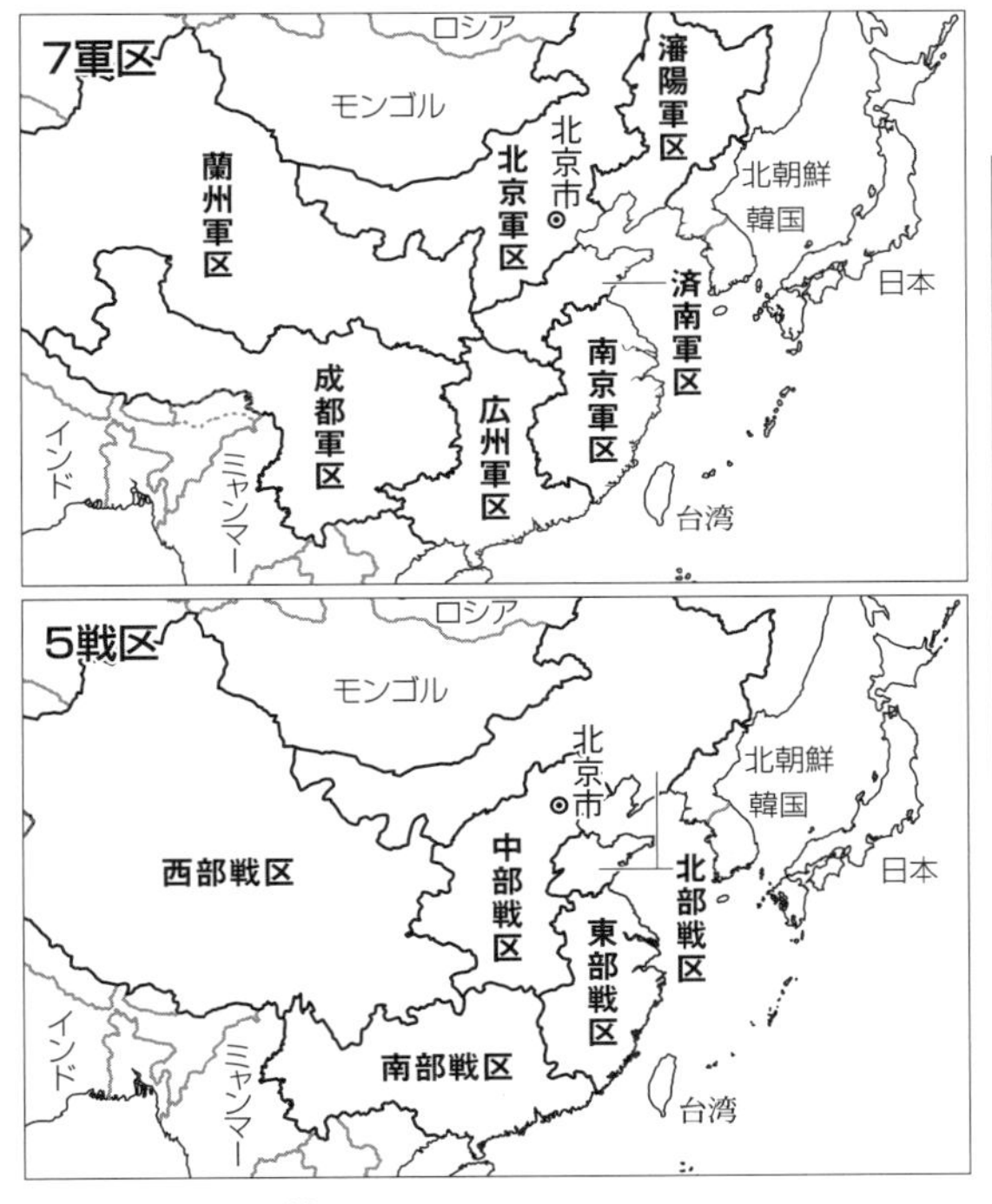

7軍区から5戦区へ

新たな党中央軍事委員会(●は習と関係が近い軍幹部)

主席	習近平 総書記(国家主席)
副主席	許其亮● 張又俠●
委員	魏鳳和 前ロケット軍司令官● 李作成 連合参謀部参謀長 苗華 政治工作部主任● 張昇民 軍規律検査委員会書記

中国軍改革の主な変更点

・中国軍の配置 【改革前】〈7軍区〉北京、瀋陽、済南、南京、広州、成都、蘭州 【改革後】〈5戦区〉中部、北部、東部、南部、西部
・中央軍事委への権限集中 【改革前】中央軍事委の下に、総参謀部、総政治部など4総部 【改革後】4総部を解体。中央軍事委内の15部門(統合参謀部、戦略計画弁公室など)に再編
・軍種 【改革前】陸軍、海軍、空軍、第2砲兵(戦略ミサイル部隊) 【改革後】陸軍、海軍、空軍、ロケット軍、戦略支援部隊

た。

米軍をモデルに、陸海空軍などを統合運用し、司令部と現地部隊などの間で高度な情報のやりとりができる情報化などを実現する「現代化」の目標を一五年ほど前倒しした。さらに、建国一〇〇年を迎える今世紀中ごろに新たに設定した「世界一流の軍隊」の実現という目標には、軍の規模、装備の性能、世界規模の作戦能力などで米軍に匹敵しうる強力な軍を建設する気概が込められている。北京の外交筋は「軍改革が予想以上に順調に進み、習は自信を深めている」と目を見張る。

習は党大会閉幕から間もなく、軍幹部を集めた重要会議で「中国の特色ある社会主義が新時代に入り、国防と軍建設もまた新時代に入った」と力強く語った。そして、「新たな中央軍事委メンバーの選出は、党が大局に立って行った重大な政治的配置だ」とも述べ、新体制下で軍改革をさらに進めていく意欲を示した。

新たな軍中枢のポストが決まって一カ月後の一一月二八日、国営新華社通信が再び驚くべきニュースを配信した。失脚した前連合参謀部参謀長の房と同じく規律検査当局の取り調べを受けていた前政治工作部主任の張陽が同月二三日午前、汚職や規律違反の疑いで取り調べを受けているさなかに自宅で自殺したというのだ。

陸軍出身の張は広州軍区から軍政治部門のトップにまで上り詰め、軍内に多くの人脈を築いていたと見られる。八月二八日に始まった取り調べでは、反腐敗で失脚した二人の前副主席の事件との関与を調べられ、張が賄賂を贈ったり受けたりし、出元の分からない巨額の財産を所有していたことが明らかになったという。ほかにも張につながる多くの関係者が取り調べを受けていると見られる。

「自殺という手段で党の規則や法律を逃れるのは極めて卑劣だ。高い地位にありながら恥ずべき方法で自らの一生を終えた」

張の自殺が明らかになった一一月二八日、中国国防省はホームページ上に張を厳しく非難する論評を掲載した。「口では忠誠を誓いながら、裏では腐敗していた典型的な二面性のある人間だ」とも指摘した。汚職などの疑いがあったにせよ、もはやこの世を去った人物に当局が浴びせた激しい批判は、習体制下における生きるか死ぬかの激しい権力闘争を象徴していた。

「習近平思想」

巨大な顔写真

二〇一七年一〇月二四日に閉幕した共産党大会では党規約の改正が行われ、党員が忠実に従うべき「指導指針」に「習近平の新時代の中国の特色ある社会主義思想」が書き込まれた。指導者の名前入りの理念が書き込まれるのは、「毛沢東思想」「鄧小平理論」に続いて三人目。習の権威は江沢民、胡錦濤の二人を超えた形になった。

国内の反応は早かった。中国メディアによると、北京の中国人民大学と天津の天津財経大学が党大会閉幕翌日の二五日、「習近平の新時代の中国の特色ある社会主義思想研究センター」を設立したのを皮切りに、黒竜江、河北、河南、湖南、雲南、海南などの省の大学に、同様の施設が設立された。計画段階にあるものも含めると、二〇以上の大学が同種の研究施設をつくることになったという。

学内の党組織が音頭を取り、研究・宣伝活動を通じて学生の政治・思想教育に役立てる狙いがあるという。だが、研究者の間では「思想研究の名の下に、大学や研究者への締めつけがさらに強まりかねない」との危惧が出ている。ある大学の研究者は「学術的な価値のない政治的ポーズ以外の何物でもないが、今は批判もできない雰囲気だ。我々にできるのは、せめてこの意味のない活動に参加しないことだ」と話した。

新指導部が発足した翌一〇月二六日には、中国共産党機関紙の「人民日報」が前日に二期目の総書記に選出された習の顔写真を異例の大きさで一面に掲載した。五年前の総書記就任時にはほかの最高指導部メンバーの顔写真も一面に掲載されたが、今回は習のみで大きさは約七倍にもなった。指導部内での習への権力集中を鮮明に示すものだ。

この日、人民解放軍の機関紙「解放軍報」などもほぼ同じ大きさの習の顔写真を一面に掲載した。中国メディアを統括する党中央宣伝部の統一指示があったと見られる。

中国メディアの記者は「人民日報の一面にこんなに大きな顔の写真が載ったのは初めて見た」と驚く。

中国のネット上にはこれを揶揄するように、北朝鮮の朝鮮労働党委員長、金正恩の巨大な顔写真を一面に掲載する労働新聞の写真も出回った。中国の政治環境が、北朝鮮に近づいている臭いを多くの人が感じ始めていた。

そして、一一月一〇日、貴州省黔西南プイ族ミャオ族自治州の党機関紙「黔西南日報」は改めて習の巨大な顔写真を一面に掲載。その写真説明には「偉大な領袖　習近平総書記」と書かれていた。

「偉大な領袖」という言葉は、毛沢東に使われていた呼称だ。同自治州では、「偉大な領袖」と説明の入った習の大きな写真が各家庭に飾られ、これも習の顔写真付きで「人民は永遠に総書記に感謝します」といった巨大な看板も現れた。

だが、さすがにこれは当局もやり過ぎだと感じたようだ。米政府系メディア、ラジオ・フリー・アジアによると、約一週間後、地元当局は「偉大な領袖」という言葉の入った写真などを撤去するよう指示を出した。同紙の報道もネットから削除された。

一一月一七日、国営新華社通信は「習近平　新時代の案内人」と題した長文を配信し、習のことを「新時代の総設計士」「核心」などと形容したが、「偉大な領袖」とは呼ばなかった。

二期目の政権を盤石にするため権力集中を進め、習への団結を訴える共産党。だが、それがうまくいくほど、副作用として個人崇拝の動きも強まるジレンマに陥っているようにも見える。宣伝部門は習への敬意が個人崇拝につながらないよう注意を払っているようだが、そのかじ取りは容易ではない。党大会を経て、「習一強」の流れはますます強まりそうな気配だ。

忠誠誓う声続々、「一強」の危うさ

二期目の習指導部が動き出すと、党大会で中央と地方の要職を占めた「習派」の側近たちが早速、習への忠誠を訴え始めた。

「新時代に身を捧げ、新たな創造をするには、習氏の思想で頭脳を武装し、貫徹させる自覚を常に強めなければならない」

新たな党中央宣伝部長に就いた黄坤明は一一月一〇日、北京にある理系大学の雄、清華大学の教職員や学生向けの座談会でそう訴えた。習の思想とは、党規約に書き込まれた「習近平の新時代の中国の特色ある社会主義思想」のことだ。

黄は福建、浙江両省で習に仕えた腹心。習指導部が「民衆の生活から離れ、貴族化した」と批判した共産主義青年団出身の劉奇葆に代わって部長に就き、宣伝活動にも力が入る。国営中央テレビは党大会閉幕から一カ月近くたつ今も各地の勉強会を大々的に報じている。

習の上海時代の秘書役で、国家主席弁公室の主任としても習を支えた丁薛祥も官房長官役の党中央弁公庁主任になり、一一月の会議で「習氏の核心の地位を強固に擁護しなければならない」と宣言した。

地方も含めた高官人事を取り仕切る党組織部長には大学時代の同窓の陳希が就いた。陳はこれまで最高指導部の常務委員が務めてきた中央党校の校長も兼任する。

地方も、北京、上海、天津、重慶の四直轄市と広東省は習派で押さえた。上海市トップに浙江省時代の秘書役だった前江蘇省書記の李強を、中国経済を引っ張る広東省トップに前遼寧省書記の李希を充てた。李希は元部下ではないが、習の父に近い幹部に仕えた甘粛省時代に習家をよく訪ね、習と知り合った間柄。李希が開いた省の会議は「広東省を習氏の思想を世界に見せる窓口とモデルにする」と強調した。

要職を自派で固めたことで習は思い切った政策を展開しやすくなるとの見方がある一方で、強まる習礼賛に毛沢東時代のような個人崇拝の再来を危ぶむ声が上がる。

党関係者は「側近や腹心だからといって政治的な能力が高いとは限らない。結果を出せなければ、期待は不満に変わるだろう」と、共産党内で進む「習一強」の動きがはらむ危うさを指摘する。

あとがき

中国という巨大な隣国の存在は、今や私たちの生活の隅々にまで入り込んでいると言っていいだろう。「爆買い」で知られる観光客は日本の各地に足を延ばし、日々のニュースで「中国」という言葉を聞かない日はほとんどない。仕事などで中国にいたことがあるという日本人も、相当な数になるだろう。中国に抱くそれぞれの思いはさておき、この国が日本の人々の現在や将来にとって、抜き差しならないほど重要になっていることは疑いない。

そのせいだろうか。読者のみなさんの中国理解が年々、広く、深くなっているのを感じる。私は二〇一二年の第一八回党大会を北京の特派員として迎えた。久しぶりに日本に戻り、担当デスクという立場で二〇一七年、第一九回の党大会を迎えて驚いたのは、中国政治、とりわけ共産党の内部で進む権力闘争や指導者たちの実像を知りたいというニーズが、五年前と比べても格段に広がっていたことである。

そうした期待に応えようと、朝日新聞を含む日本の新聞・通信各社は、党大会が始まる何カ月も前から、指導部人事などを巡る特ダネ合戦を繰り広げた。やはり党大会報道に力を入れる香港や台湾の記者たちがその激しさに驚き、「日本で何が起きているんだ」と聞いてくるほどだった。

そうした厳しい競争のなかで、同僚たちが取材を重ね、生まれたのが本書である。

積み上げてきた記事を読み返すと、いろんな思いが去来する。特派員の努力が実を結び、ベールに隠されていた事実の数々を明らかにすることができた半面、反省しなければならない点もある。

注目ポストの一つだった共産党中央規律検査委員会の新しい書記について、我々は、党指導部が習の最側近である栗戦書を充てる方針を固めたと伝えた。しかし、実際に就任したのは趙楽際だった。

どうしてそのような結果になったのか。我々はしっかりと総括することでこの経験を教訓に変え、ますます難しさを増すだろう今後の中国取材につなげなければと思う。

中国は日々刻々と変化している。二〇一八年二月には、憲法の改正で、二期一〇年までとされてきた国家主席の任期制限を撤廃するという大きなニュースも飛び込んできた。習近平という強大な「核心」の下で、その勢いと自信はいよいよ増しているように見える。習世界史的にもまれに見る規模と速度で成長するこの国にあって、第一九回党大会は間違いなく一つの画期となる大会だったろうと思う。習氏が党大会で掲げた「新時代」が何を意味するかはまだ分からないが、この大国が新たなステージに立とうとしているという予感を多くの人々が抱いているのは疑いない。そんな時代の転換点の記録として、本書を手にとっていただけたら嬉しく思う。

◇

プロローグにあるように、本書は二〇一六年一二月から二〇一七年一〇月まで、朝日新聞で掲載した連載「核心の中国」に一部加筆したものである。

連載の取材執筆は、中国総局管内の記者が中心になって進めた。本書の巻末に掲載した記者たちのほかにも、米国などに駐在する記者が側面から支援してくれた。

東京本社では長年、中国特派員を務め、中国に深い思い入れを持つ坂尻信義国際報道部長の励ましの下、国際報道部の記者たちがバックアップした。

連載は中国担当デスクだった奥寺淳が立ち上げて軌道に乗せ、二〇一七年六月の人事異動で中国担当デスクとなった林がそれを受け継いだ。

出版にあたっては、朝日新聞出版の奈良ゆみ子氏から多くのアドバイスをいただき、多くの無理を聞いてもらった。連載と本書に関わってくださったすべての方々に深く御礼を申し上げたい。

朝日新聞国際報道部　林望

益満雄一郎（ますみつ・ゆういちろう）

1973年生まれ。97年入社。津支局、伊勢支局鳥羽駐在を経て、2000年に名古屋経済部。05年以降、東京本社経済部、社会部、政治部、国際報道部などを経て16年９月から広州支局長兼香港支局長。

奥寺 淳（おくでら・あつし）

1971年生まれ。産経新聞を経て96年に入社。経済部、香港支局長、上海支局長、中国総局員、アメリカ総局員を歴任。2016年８月から国際報道部デスク。11年度のボーン・上田記念国際記者賞を受賞。

林 望（はやし・のぞむ）

1972年生まれ。信濃毎日新聞を経て2001年に入社。名古屋報道センター、香港支局長、広州支局長、中国総局員などを経て17年６月から国際報道部中国担当デスク。

執筆者一覧

古谷浩一（ふるや・こういち）
1966年生まれ。90年入社。大阪社会部員、上海支局長、中国総局員、瀋陽支局長、国際報道部デスクなどを経て、2013年９月から18年１月まで中国総局長。

西村大輔（にしむら・だいすけ）
1969年生まれ。北海道新聞社を経て2001年入社。水戸支局、東京社会部勤務の後、上海支局長、瀋陽支局長、ウラジオストク支局長、国際報道部デスクなどを歴任。2016年６月から中国総局員、18年２月から中国総局長。

延与光貞（えんよ・みつさだ）
1972年生まれ。96年入社。津支局、名古屋・東京社会部を経て、2014年９月から広州支局長兼香港支局長として香港の民主化デモ「雨傘運動」などを取材。16年９月から中国総局員。

斎藤徳彦（さいとう・とくひこ）
1976年生まれ。99年入社。鳥取、神戸両支局、経済部、社会部などを経て2013年４月から中国総局員として中国経済報道を担う。17年４月に帰国し、経済部員。

福田直之（ふくだ・なおゆき）
1980年生まれ。2002年入社。盛岡総局、浜松支局を経て、名古屋と東京の経済部で自動車、銀行、IT 業界、金融政策などを担当。その間、欧州ジャーナリズムセンターへの研修派遣を経験し、17年４月から中国総局員。

平賀拓哉（ひらが・たくや）
1977年生まれ。2001年入社。松山総局、神戸総局、大阪社会部などを経て15年７月から瀋陽支局長。中国東北部の政治、経済、社会問題に加え、緊迫する北朝鮮情勢などを取材。

冨名腰隆（ふなこし・たかし）
1977年生まれ。2000年入社。静岡総局、新潟総局、特別報道チーム（現特別報道部）、政治部などを経て16年９月から上海支局長。18年２月から中国総局員。

核心の中国――習近平はいかに権力掌握を進めたか

2018年３月30日　第１刷発行

著　　者　朝日新聞中国総局
発 行 者　友澤和子
発 行 所　朝日新聞出版
〒104－8011　東京都中央区築地5－3－2
電話　03－5541－8832（編集）
03－5540－7793（販売）

印刷製本　株式会社 廣済堂

Published in Japan by Asahi Shimbun Publications Inc.

ISBN978-4-02-251542-1
定価はカバーに表示してあります